欲望资本主义

论欲望中的货币

4

21世纪
资本主义研究
经典之四

欲 望 の 資 本 主 義

〔日〕丸山俊一 日本NHK"欲望资本主义"制作组◎著

田中景◎译

浙江人民出版社

图书在版编目 (CIP) 数据

欲望资本主义 . 4 / (日) 丸山俊一，日本 NHK "欲望资本主义"制作组著；田中景译 . — 杭州：浙江人民出版社，2022.1

ISBN 978-7-213-10330-8

Ⅰ.①欲… Ⅱ.①丸…②日…③田… Ⅲ.①资本主义经济 – 研究 Ⅳ.① F03

中国版本图书馆 CIP 数据核字（2021）第 208145 号

浙 江 省 版 权 局
著作权合同登记章
图 字：11-2020-298 号

欲望资本主义 4

［日］丸山俊一　　日本 NHK "欲望资本主义"制作组 著　　田中景 译

出版发行：浙江人民出版社（杭州市体育场路 347 号　邮编：310006）

市场部电话：（0571）85061682　85176516

责任编辑：尚　婧　李　楠

营销编辑：陈雯怡　赵　娜　陈芊如

责任校对：姚建国

责任印务：刘彭年

封面设计：异一设计

电脑制版：北京尚艺空间文化传播有限公司

印　　刷：杭州丰源印刷有限公司

开　　本：880 毫米 ×1230 毫米　1/32　　　印　张：5.75

字　　数：95 千字

版　　次：2022 年 1 月第 1 版　　　　　　　印　次：2022 年 1 月第 1 次印刷

书　　号：ISBN 978-7-213-10330-8

定　　价：45.00 元

如发现印装质量问题，影响阅读，请与市场部联系调换。

前　言

岩井克人面对"欲望资本主义"之时

伴随着虚拟货币的诞生，以及非现金化的加速发展，数字经济在世界范围内迅猛崛起。虚拟资本似乎想要吞没一切，并占据全部现实经济领域。那么，置身其中的我们应该如何应对呢？在这个 GAFA［谷歌（Google）、苹果（Apple）、脸书（Facebook）、亚马逊（Amazon）］的影响力超越国境，由技术主导的市场网络覆盖全球的时代，我们被迫对货币、市场、资本主义重新给出定义。

"无法阻止，遏止不住。欲望滋生欲望，充满欲望的资本主义。"

前几年，我们的节目以这句片头语拉开序幕，引发了人们的巨大反响，此后该节目便成为日本放送协会（NHK）

每年新春的固定播放节目。由此派生出来的"欲望经济史""欲望民主主义""欲望时代的哲学""欲望哲学史"等，在各领域引发了人们对这些问题的深入思考。结合这一系列思考的核心问题，我们又策划了《欲望资本主义特别篇——论欲望中的货币》这一特别节目。

与先前的节目一样，约瑟夫·斯蒂格利茨、让·梯若尔、托马斯·赛德拉切克等经济学家的论点将出现在本书中，尤瓦尔·诺亚·哈拉里、马库斯·加布利埃尔等世界著名的学者尚未公开的表述也将囊括其中。以他们的论点和表述为基础，我们将展开多维思考。但是，在节目中发挥主导作用的则是日本最具有代表性的经济学家岩井克人先生。他提出了"非均衡的动态分析"的经济理论，还著有《威尼斯商人的资本论》《货币论》《论 21 世纪的资本主义》《未来的公司》等著作。他并不为主流的现代经济学框架所束缚，提出了许多富有创见的观点，进而引发人们的深思，可以说是日本出类拔萃的、学识渊博的经济学家。

岩井先生的著作中尤以 1993 年出版的《货币论》最为著名。这本书堪称深刻揭示驱动资本主义欲望的表象，以及货币本质这种表里一体关系的经典著作。该著作观点激进、分析透彻，在日本引发巨大反响。自那时开始，近

30 年的时间过去了，世界就好像是在证实着岩井先生激进式的预言：全球化加速推进，由技术所主导的资本主义发生了巨大变化，如今的现实仿佛当年岩井先生提出的理论复制在人们眼前一般。"论充满欲望的货币"正是如今摆在人们面前的最大课题之一。

何谓货币？其价值的依据何在？看似极其简单的问题，实际却极难回答。这些面对资本主义的象征——货币的价值依据发出的提问，在某种意义上可以说是在资本主义理论探索的征途上又向前迈出了一大步。在本书中，亚当·斯密、约翰·梅纳德·凯恩斯自不必说，亚里士多德、康德等的表述也是岩井笔下的重点。另外，书中还穿插历史上社会科学领域的巨人们的各种辩论、洞察、见解，以及岩井先生从欲望的视角对"货币理论"的真知灼见。

当今世界，国家间的差距不断拉大、鸿沟日益加深，结果就是各种问题更加难以解决。这让人们想到是不是人类对于货币的欲望过于执着了，但同时也有人感觉"钱要消失了"。资本主义的发展也随之越发扭曲且错综复杂，进而言之，在对当今社会的现实状况和理想状态进行深入思考之时，历史上社会科学领域的巨人们之观点仍然能够给人们提供很多有益的启迪。

　　在这个技术引领一切的时代，我们经常会从一些年轻人那里听到"只要根据大数据去做，就会得到成功"的声音，偶尔也会听到将市场运行的逻辑交给 AI（人工智能）分析、将各种各样的决策交由 AI 来作的见解。但即便是这样的时代，我们也不要被表面现象所蒙蔽而摇摆不定。而重新回到问题的核心所在，深入挖掘问题的本质就显得越发必要。说起来，何谓货币？何谓市场？何谓资本主义？何谓欲望？我们每个人必须看到经济规律已经极大地改变了社会、改变了世界的格局这一事实，才有可能展开超越上述瞬息万变的时空之思考。

　　"亚当·斯密先生忽视了一点。"在对岩井先生进行采访之时，他一直称呼亚当·斯密这位历史上的巨人为"先生"，他们就像一对好友一样，此情此景不由得让前往采访的我们产生了共鸣。不被这些巨人们有着"历史性的伟业"这一"神话"所吓倒而变得人云亦云，而是作为敢于向这些巨人的理论发起挑战的人，进而满怀敬意地在巨人的姓名后面加上"先生"，正是因为岩井先生始终保持着这一虚心坦诚的姿态，他才能从古圣先贤的身上汲取到无尽的精华。

　　模仿岩井先生的说法，我也可以这么说：凯恩斯先生和康德先生都是以一种什么样的姿态来面对时代发展带来的课题，又打开了什么样的视野呢？他们提出过哪些富有创见的观点，其局限性又有哪些？在当今这个瞬息万变的时代，让我们与岩井先生一起，对上述问题展开深入思考吧。

那么《欲望资本主义特别篇——论欲望中的货币》节目就从这些问题开始。

第一个问题是，何谓货币呢？

日本放送协会（NHK）节目开发制作本部

执行制片人　丸山俊一

目　录

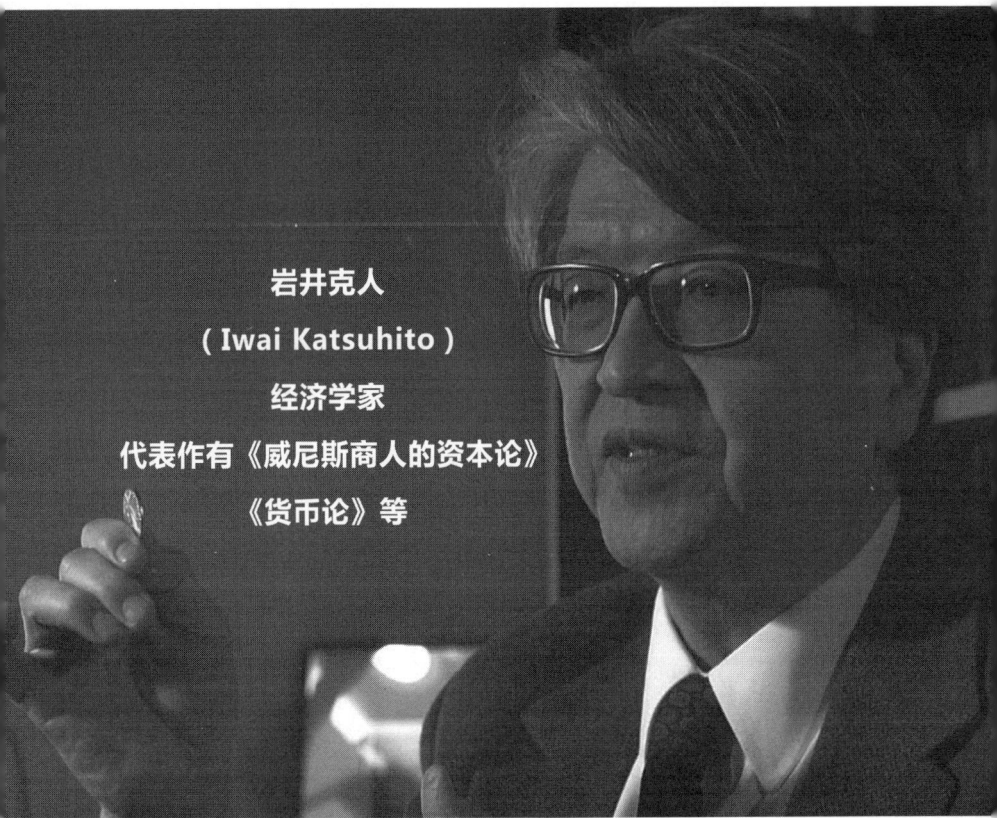

第 一 章

"比特币"是终极货币吗？

岩井克人
（Iwai Katsuhito）
经济学家
代表作有《威尼斯商人的资本论》
《货币论》等

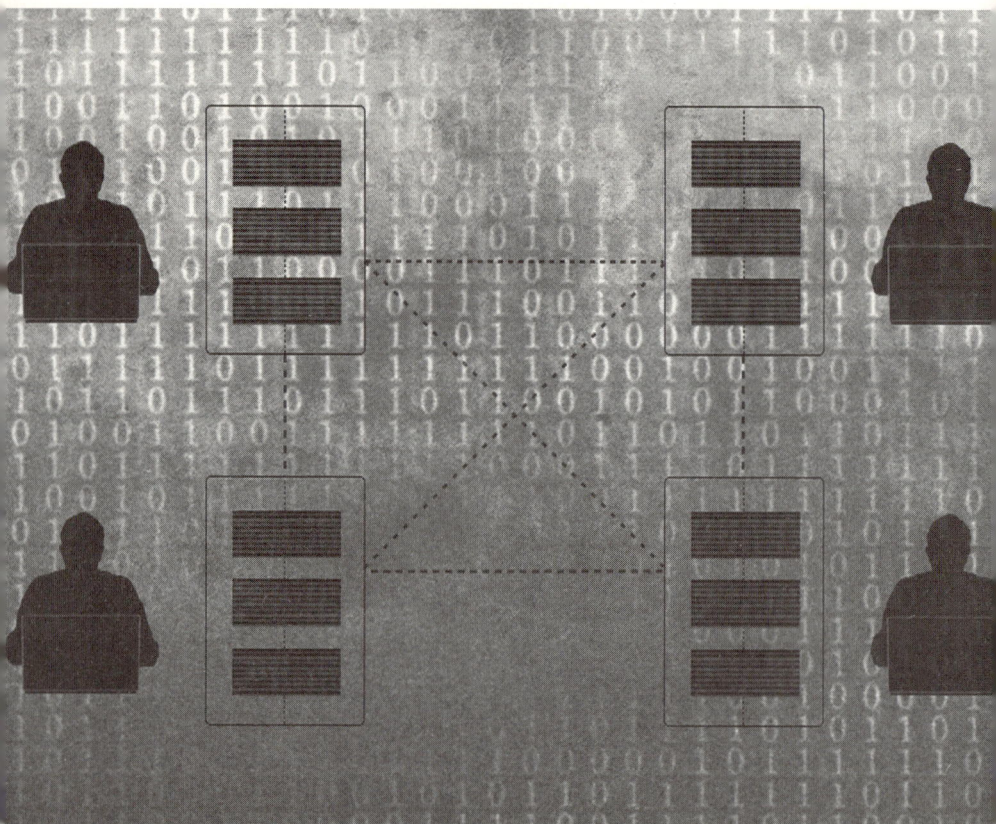

区块链简易示意图

现实已经追上了理论

我的《货币论》一书是 1993 年出版的。但是，我真正开始开展对货币之研究，则是在 20 世纪 80 年代初。从那时算起至今已经有 40 年了。然而，在这期间，我提出的货币理论始终没有改变。

这一期间，发生重大改变的是资本主义社会。

关于资本主义社会的变化，以日本为例可以看出，从"货币"的角度，日本已经将东日本旅客铁路公司发行的企鹅卡（Suica）与空中轨道列车发行的 PASMO 卡电子货币和智能手机结算进行了普及。而在全球，我们也能看到诸多像比特币那样的数字货币的出现。我在《货币论》一书中，对这种加入了电子信息的货币曾用相当大的篇幅展开论述。但当时，互联网刚刚投入商用。虽然有人已经开始了创制数字货币的种种尝试，可都失败了。因此，我的说法也未获得更多读者的认同。不过我本人在写完《货币论》之后，还是在互联网上将数字货币流通的方法用英语写了篇字数不多的论文发表了。

如今，Suica 和 PASMO 已成为日本公共交通中的不
可或缺之物，利用手机结账的人不断增多，比特币每日
的价格变动就像过山车……这些都已经成为人们日常的谈
资。2019 年，脸书发布了名为 Libra 的数字货币的构想，
成为世界主要资本主义国家的热议话题。

不知不觉之间，现实中的资本主义社会已经追赶上了
我很久以前在头脑中所形成的理论。

《货币论》书影　岩井克人

为什么现实已经很接近理论了呢？

《货币论》是围绕"何谓货币"这一非常抽象的问题而写的一本著作。我为了回答这一抽象的问题，设定出"纯粹的资本主义社会"。随后，我将自己置身其中，进行纯粹理论上的思考。

20世纪下半叶，虽然经济和资本主义全球化势头已经开始显现，但从现实中的资本主义来看，以国境为界，还存在阻碍人、财、物流动的各种各样的限制。互联网刚刚开始推广，信息通信技术的发展也尚未出现重大突破。因此，在现实的资本主义与纯粹的资本主义之间，还存在巨大反差。由此可见，必须在理论上展开深入思考。

但是，此后伴随着全球化的迅猛推进，市场经济的触角已经延伸到世界各个角落，将资本全球化。与此同时，互联网开始了迅猛拓展，将全球性的资本主义社会里出现的所有信息，几乎在瞬息之间，并且几乎是免费地传送到所有地方。从这时起，资本主义社会本身真正变得"纯粹化"，并且越来越接近于《货币论》中所描述的理论上的世界。

围绕货币出现的二律背反

　　"货币是天生的平等派。"这是卡尔·马克思说过的一句话。"平等派"这一词的本来意义，是指 17 世纪英国的清教徒革命时，提倡法律面前人人平等的激进的政治集团。所谓法律面前人人平等，则是指尽管人们之间存在门第、身份、财产的差别，但都拥有行使基本人身权利的自由。马克思用"货币是天生的平等派"这句话想要表达的意思是，人们不仅在法律面前平等，在钱的面前也是平等的。为什么这样讲呢？这是因为通过拥有货币，人们得到了匿名性，也就是说，能够消除相互之间的身份差别。例如，拥有 1 万元的人，即使彼此间存在身份、性别、民族、语言的差别，但都能够买到价值为 1 万元的商品。因此，货币发挥了将人们从近代之前所受到的各种束缚中解脱出来的作用。从这一意义来说，货币为近代社会人们希望享有的自由提供了基础。

　　但是，话题说到这里当然并未结束。同是拥有 1 万元的人，虽然能够购买到相同价值的商品，但如果与拥有

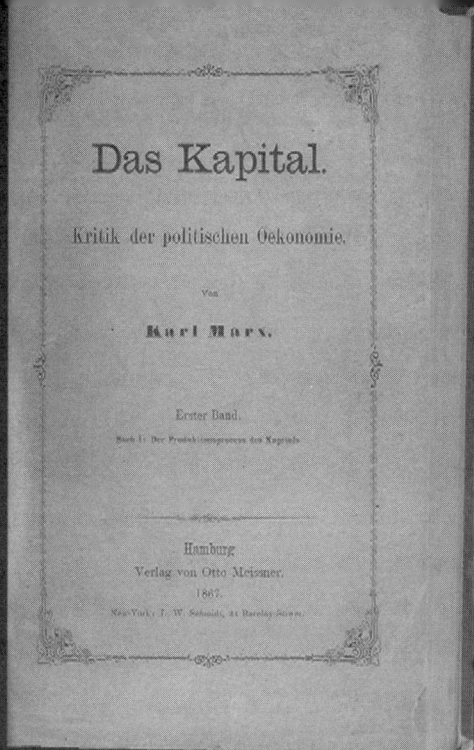

马克思与其著作《资本论》

100 万元的人相比，购买力只有后者的百分之一。货币使人们从因身份、性别、民族、语言而造成的差别中获得了自由，相应地也出现了收入及资产的不平等。对此，本书的第二章到第四章会详细论述，即货币赋予人们自由这件事本身正给资本主义社会带来危机。

也就是说，围绕货币，个人的自由与社会的稳定之间形成了二律背反的关系。

弗里德里希·奥古斯特·冯·哈耶克和米尔顿·弗里德曼等主张自由放任的经济学家，自始至终都在强调资本主义社会的自由，结果却轻视了这种自由必然伴生的社会的不稳定性。而卡尔·马克思及其他坚持社会主义立场的人认为，尽管货币给人们带来了自由，但那种自由只不过是"资产阶级的自由"，必须将其摈弃，社会才能发展。他们谋求建设收入平等且不会发生经济危机的社会，其设想是最终建成将货币取消的共产主义社会。当然，仁者见仁智者见智，每个经济学家都有自己的观点。

总而言之，我们今天已看到，将货币所带来的自由追求到极致的自由放任主义所主导的全球化已经将资本主义社会变得纯粹化。而且，如今伴随这种自由，经济危机的必然爆发和不平等的加深正在以更加尖锐的形式表现出来。

以下，关于货币，有必要更加详细地说一说。

何谓比特币

所谓"比特币"，是由日裔美国人中本聪于 2008 年提出的。2009 年，第一枚比特币便由他发行上市了。

所谓"虚拟货币"，简单来说，就是由 1 和 0 组成的一长串数字串，即将数字串作为密码——因为如果不加密的话就会被人盗走，进而将数字本身作为货币来流通。在日本，500 日元的硬币是用金属做成的圆形薄片，1 万日元则是用特种纸张印刷的。比特币不是纸张和金属薄片这样的实物，而是将"数字"本身作为"货币"来流通。因为不具有作为实物的实体性，所以才被称为"虚拟货币"。

今天，有很多人将比特币称为"分散化"或"去中心化"的虚拟货币。分散化的意思是什么呢？我认为有两层意思。第一，发行比特币的不是国家和中央银行，可以是任意的民间集团。第二，货币自诞生之日开始，就一直无法摆脱假币问题所造成的困扰，为了解决这一问题，发行货币的政府和银行要在货币上加上特殊的纹路、水印，印上顺序号码，以防止出现假币，而且商业银行及其他金融机构也对假币高度警惕。同时，国家还会依靠法律来打击假币的制造、贩卖、流通。历史上有国家曾经对制造假币的人处以磔刑和斩首的极刑，即使是在今天，造假币者也要被处以高至无期徒刑的重罪。

然而，比特币确认是否假币是使用密码来查对的，即不是交由国家、中央银行和普通的金融机构，而是采取仅靠同样使用比特币的伙伴来查对的办法。实际上，在把数字作为钱来使用的时候，出现了有别于硬币和纸币的新假币问题。在使用 500 日元硬币和 1 万日元纸币购物时，因为我们把它们交给了卖方，这个钱自己就不能再度使用。但是，在钱是数字的情况下，即使把数字给了卖方，那个数字还会存留在我们的头脑之中。假如我的记忆力很差，至少还可以用我的手机和电脑记录。所谓数字，原本的和复制的都是完全相同的，这样我就能够两次或者三次使用那个钱。当然，如果有界定的话，我第二次、第三次使用的数字就是假币。虚拟货币所固有的这一假币问题被称为"重复支付问题"。这就是说，在每次使用虚拟货币的时候，都必须要查对该数字是否出现重复支付。

中本聪为了防止发生比特币的重复支付问题，采用了"区块链"方式。用日语来表达的话，也可以称为"分散台账"，无论哪个比特币都可以将所有发生过的交易用密码像锁链那样连接并记录下来，由市场参与者共享。有趣的是，在下次使用比特币进行交易时，为了查对该区块链是否为重复支付，必须设法解决被称为"散列问题"的数目庞大的计算问题时，比特币采用了奖励解决的方式。即在每次发生交易时，在交易平台上，多个比特币使用者就利用电脑展开解决这一散列问题的竞争，最先解决了这一问题的人将获得一枚新的比特币。也就是说，就连假币的查对，也避开了国家和中央银行，完全是出于利润动机让自由竞争原理充分发挥作用。真是非常精妙的设计。

比特币无法成为货币

自比特币诞生以来已经过去十多年了，自其诞生起，我就开始满怀兴趣地密切关注着它。现在还在后悔，当初哪怕少量买进一些的话，在大幅涨价时卖出，如今也早应发了大财。可惜的是，当时一点儿也没买，我仅仅是抱着研究的目的一直关注着它的主页等信息。不过，正因为这样，我才能够做到与自己的利益毫无关系、站在完全自由的立场对其展开分析。也正是因为这一关系，经常有人向我提出关于比特币的问题，我才能给出较为中立的解答。下面挑主要的几个介绍一下。

第一，我经常被问："比特币等虚拟货币的普及是否会导致无货币社会的提前到来？"

事实上，煞有其事地大肆渲染这种事情的人不在少数，不过，我的回答是"绝无可能"。为什么这样讲呢？因为这一提问是提问者把现金和货币混同了。的确，像1万日元纸币和500日元硬币那样的现金未来也许会消失。虽然如今日本仍然在大量使用现金，但在斯堪的纳维亚半岛上的国家，其实已经越来越少地使用现金了。不过，那只是因为各种形式的虚拟货币取代现金成为货币，并非是这些国家成了没有货币的国家。交易时不使用现金的社会并不等于非货币社会。反过来说，由于不再使用现金，货币的使用反而变得越发便利。

第二，经常会有人问我："比特币是新的货币吗？"

我的回答依然是"不"。如果读一下我的《货币论》，就可知其实比特币作为货币完全不是新鲜事物。如果说有什么创新的话，那只能说它利用了区块链这一技术。

第三，我也经常听到有人问我："比特币何时被作为真正的货币来使用？"

我在 2016 年之前还抱着比特币或许会成为货币的想法，但是如今我认为，比特币成为货币的可能性已经失去了 99%。因此，对于这一提问，我的答案依然是"没有那种可能"。

要想说清楚为什么我对上述提问全部给出了否定的回答，就必须要从到底何谓货币开始说起。不过，对于第一个问题，即"虚拟货币的普及是否会导致无货币社会的到来"我已经给出了答案，以下不再重复。

何谓货币——货币商品论的错误

《圣经》中说："日光之下，并无新事。"

没错。如现在我手里拿的公元前 6 世纪在古希腊的雅典所使用的德拉克马硬币，便可作为一例。虽然让人感到遗憾的是，该硬币并非真品而是复制品，但看起来依然闪闪发光。从古至今世界各地，金银都是以其神秘的光辉让无数人神魂颠倒的贵重物品，因而经常被用作宗教仪式的道具和权贵人士身上佩戴的装饰品的材料。当然，也正因如此，人们也喜欢将金银作为钱来使用。这些都足以说明金银是人们梦寐以求得到的贵重品。在经济学上，这种行为被称为"货币商品论"。

曾经有为数众多的经济学家都相信这一货币商品论。但在我看来，这是完全错误的、无稽的说法。500 日元硬币作为一个物品来说只是一枚用金属做成的薄片，除了可以用来代替螺丝刀之外，几乎再也找不到其他的用途。1万日元纸币作为物品来说是只要有一点儿风就会被吹走的一张纸片。它们作为物品来说都几乎不拥有什么价值。

不过，如果那样说的话，也许会有人认为，在将金银这种神秘的贵金属本身作为货币来使用的远古时代，货币商品论难道不是正确的吗？我想几乎所有的人依然那样信以为真。但是很遗憾，即使在远古时代，货币商品论也纯属无稽之谈。这件事情很简单就能给出"证明"。

虽然现在我手里拿的是复制品，但真正具有价值的德拉克马硬币在当时以4德拉克马的价值在市场上流通。想

公元前6世纪的雅典银币

象把这枚硬币熔化，做成闪闪发光的装饰品。如果其拥有了 8 德拉克马的价值，那会怎么样呢？按照推论，古希腊的人们理应将手里的硬币熔化，然后做成具有 8 德拉克马价值的装饰品。如果让正在阅读本书的你来选，将这枚硬币是作成具有 8 德拉克马价值的装饰品，还是作成仅值 4 德拉克马的钱，相信你一定会选择前者。所谓钱，从古希腊时代到现在，虽然都是流通于世间的东西，但如果当年所有的德拉克马硬币都被熔化成装饰品，流通于世间的东西当然也就不存在了。

由此可见，钱的价值甚至在远古时代也无法还原为物品的价值。4 德拉克马的硬币无论是用多么神秘发光的金或银制成的，其作为贵金属的价值必然要低于 4 德拉克马。正因如此，人们才不会把 4 德拉克马硬币作为贵金属使用，而是将其与价值为 4 德拉克马的商品相交换，交到别人手里。这样，德拉克马硬币才会作为"流通于世间"的货币，在人们之间转来转去。当然，在金币和银币之前，金或银自身作为钱来流通的时候，也是同理。也就是说，这可以被如下所述的关于钱的"基本定理"所证明：

"当某物品作为钱来流通的时候，作为钱的价值必然要超过作为物品的价值。"

稍微做一下简化，可以这样来表述：

钱作为钱的价值＞钱作为物的价值

这就完全否定了货币商品论。

无中生有的货币

现在我衣兜的钱包里装着几枚 500 日元硬币。从钱包里拿出 1 枚来看看，上面虽有多种复杂的印记，但终究是用铜、锌、镍等合金做成的，可以说都是些廉价的金属，其制造成本也许不到 50 日元。正如刚才所讲的那样，作为物品来说它只能作为螺丝刀的替代品使用。但我还是很小心翼翼地将其作为价值 500 日元的钱放进钱包里。

在此，基本定理当然也是成立的。作为物品来说不值 50 日元的金属薄片，作为钱来说竟拥有 500 日元的价值。其价差已超过 450 日元。稍微夸大点说，在钱的身上出现了无中生有的不可思议之事。借用马克思的话来说，"在货币不断转手的过程中，单有货币的象征存在就足够了"。

所谓钱，是指拥有无法还原为物品价值的东西，这一基本定理对于人们来说是难以理解的。并且，为了否定这一基本定理，关于钱出现了各种各样的奇谈怪论。我本人就很想知道货币无中生有的秘密，于是开始了关于货币的研究。

不过，如果这样说的话，我想肯定会有人马上反驳："说起来，1万日元纸币和500日元硬币难道不是国家用法律规定其作为钱来使用的吗？"钱拥有价值，并非归结为物的价值，而是归结为国家的权力、国王的权威或者政府的决定，这一解释可以称为"货币国定说"。意思是说，以国家、国王、长老以法律、命令、口授的方式，规定必须将某种特殊物品作为货币来使用，钱才得以作为钱而流通。

如今，这一货币国定说已经取代货币商品论成为经济学家们普遍的看法。现在风靡世界的现代货币理论（MMT）正是完全依据这一货币国定说。并且，很有意思的是，像比特币这样的被分散化的虚拟货币，由于避开了政府和中央银行，就是想要否定货币国定说。

货币国定说的错误——如果打开"六法全书"

可是，无论是多么普遍的看法，如果依据《货币论》这本书所提出的观点，货币国定说也不正确。

如果打开日本"六法全书"（宪法、民法、商法、刑法、民事诉讼法和刑事诉讼法），就会发现有一部名叫《关于货币单位及货币发行等的法律》的法律。令人吃惊的是，第 7 条这样写着：货币作为法定货币通用的数量，仅限于额面价格的 20 倍以内。

虽然这一法律所称的货币是指 100 日元及 500 日元等的硬币，但是，我在首次看到这一条文时也很吃惊。也就是说，以法律角度来讲，我手里拿着的 500 日元硬币只有在 20 枚以内才被作为法定货币来使用。如果想凑齐 40 个购买 2 万日元的商品，从第 21 枚开始在法律上就不再是钱，仅仅是铜、锌、镍的合金而已。因此，商家对于第 21 枚以后的硬币就没有必要作为钱来收取。也就是说，在法律上，从第 21 枚开始的 500 日元硬币就失去了作为货币的效力。[1]

但是，实际情况是怎么样的呢？没错，即使是拿 40
枚 500 日元的硬币用来购买 2 万日元的商品，在日本也不
会有任何一家商店拒绝。即使没有法律上的效力，但在现
实中，21 枚以上的 500 日元硬币也名正言顺地作为货币在
日本流通。也就是说，这就已经证明"货币国定说"是站
不住脚的。

不过，关于钱，还有另外一部被称为《日本银行法》
的法律，第 46 条称：日本银行发行的银行券作为法定货
币无限制地通用。在这里被称为"银行券"的，其实就是
所谓的纸币。因此，1000 日元纸币甚至是 1 万日元纸币，
无论几十张还是几百张在法律上都明确地被规定为货币。
因此，仅以关于 100 日元及 500 日元的硬币的法律为依据
就断定货币国定说站不住脚，难道不是太武断了吗？我想
会有人这样考虑。这样考虑也是正常的。下面，我将拿出
更好的例子讲给大家听。

20 世纪 70 年代的玛丽亚·特蕾西亚银币

我这里还有一枚 1780 年在奥地利发行的玛丽亚·特蕾西亚银币，但很遗憾也是复制品。在其正面印刻着的看起来有些冷酷的女性肖像就是玛丽亚·特蕾西亚。她是当时奥地利实际上的最高统治者。她共生了 16 个孩子，其中的第 15 个名叫玛丽·安托瓦内特，后来与法国的国王路易十六结婚，在法国大革命时被送上了断头台。当时，奥地利是由在欧洲最有名望的哈布斯堡家族支配的强大帝国。玛丽亚·特蕾西亚是当时欧洲最为强盛的国家的女皇，凭借其巨大的权威发行的货币，是所有人都承认的。看起来货币国定说完全是无懈可击的。

令人吃惊的是，玛丽亚·特蕾西亚银币的流通范围远远超出了奥地利，不但覆盖了整个欧洲，甚至还在中东和东非被长期使用。并且，在埃塞俄比亚的咖法地区，一直到该银币发行之后已经过去 200 年的 20 世纪 70 年代，它还专门作为供咖啡交易使用的货币在当地流通。所谓咖法地区正如其名，是咖啡的原产地。

玛丽亚·特蕾西亚银币

　　尽管玛丽亚·特蕾西亚于 1780 年辞世，由哈布斯堡家族所支配的帝国也于 1918 年解体，可玛丽亚·特蕾西亚银币还长期流通于世。这充分表明了如下事实：要想让货币作为货币而流通，未必一定要依据君主的命令和国家的法律。也就是说，我现在手里拿着的玛丽亚·特蕾西亚银币，就完全可以作为货币国定说并不正确的证据。

货币的价值由社会所赋予

下面话题重新回到出发点：为什么 500 日元的硬币具有 500 日元的价值？这个提问，正是我撰写《货币论》的缘由。

那么，为什么我将这一金属薄片作为具有 500 日元价值的货币而接受呢？当然，我不是因为其作为物品而接受它的，也不是因为国家命令将其作为钱来使用它的。它如果是第 21 枚的 500 日元硬币的话，更是如此。不，即使是第 1 枚的 500 日元硬币，我即使不接受也不会被关进牢房。

答案很简单。我将 500 日元硬币作为具有 500 日元价值的钱来接受，是因为我认定别人也会将其作为具有 500 日元价值的钱来接受。是因为我认定别人在接受它之后，相应地会给我价值 500 日元的商品。这一情况下，所有人都可以是别人，并非特定的某人。无论是田中先生、渡边先生、安部先生，还是金女士、史密斯女士，在接受它之后，都会相应地给我价值 500 日元的商品。

也就是说，所谓钱的价值，并非我所赋予的，也不是国家赋予的，而是别人赋予的。换句话说，是社会赋予的。

是的，货币的价值是社会赋予的。

这一结论的重要性，无论怎么强调都不过分。事实上，综观全球，对货币只要是稍微进行了一些研究的人，都会得出这一结论。例如卡尔·马克思《资本论》的开头部分有一小节题为"价值形式或交换价值"。通常被称为"价值形式论"的这一节，是马克思所写过的最重要的文章之一。并且，这一"价值形式论"最后得出的结论，正是上述的结论。再者，作为与马克思经济学相对立的学派，在19世纪70年代诞生了新古典经济学派，也得出了相同的结论。

商品的价值也由社会赋予

"货币的价值由社会所赋予"这一命题，是马克思和新古典经济学创始人门格尔的货币理论的顶点。事实上，他们的货币理论在最近这 100 年里又向前推进了不少。

我们知道，在资本主义社会，不只是货币，所有商品的价值都是社会所赋予的，例如现在我所饮用的罐装咖啡。罐装咖啡的价值到底是由谁决定呢？从厂家方面来思考一下吧。假如厂家考虑到一罐咖啡具有 100 日元的价值，生产之后将其销售。那么，人们是否会考虑为什么它具有 100 日元的价值呢？当然，它并不是厂家自己想要花 100 日元饮用那罐咖啡。厂家要将其生产几万罐。厂里的每个人如果是一次喝掉 1 罐或 2 罐，最多也许能够喝下5 罐，但若是一次喝掉 100 罐就会因撑破肚皮而死掉。厂家考虑罐装咖啡具有 100 日元的价值，是因为厂家认为众多的"别人"会以 100 日元一罐的价格将其买走。也就是说，对于厂家来说，是别人赋予了罐装咖啡以价值。

换言之，在资本主义社会，不只是货币的价值，所有商品的价值也是由社会所赋予的。

以自己循环论证成立的货币的价值

那么，货币与商品的区别又是如何的呢？

两者的区别通过如下的例子就可以立见分晓。你可以向购买了罐装咖啡这一商品的"别人"发出"你为什么认为一听罐装咖啡具有 100 日元的价值"这一提问，而向拿到了 500 日元这一货币的"别人"发出"你为什么认为 500 日元硬币具有 500 日元的价值"这一提问。

我认为，购买了罐装咖啡的"别人"理应会回答"因为我想喝咖啡"。的确，对于罐装咖啡厂家来说，罐装咖啡的价值并非是自己赋予的，而是由社会赋予的。但从实际购买了罐装咖啡的消费者来看，其价值是由对咖啡的"欲望"所决定的。对于那位消费者来说，1 听罐装咖啡或者是为了驱走睡意，或者是为了解决口渴问题，是一种即使支付 100 日元也想得到的东西。也就是说，商品之所以有价值，就是因为有将其作为物品来消费的人的"欲望"这一实体性的依据。

在罐装咖啡企业的上游，像咖啡豆原材料工厂、自来水厂等，虽然购买者并不想得到这些物品本身，但最终来看，其价值也是由咖啡需求者的欲望所决定的。

与此相反，如果向拿到500日元硬币的"别人"问"为什么你认为500日元的硬币具有500日元的价值"时，理应会得到与罐装咖啡的情况完全不同的回答。那个"别人"很可能会回答，并不是因为我想要将500日元作为物品，而是因为我认定别人会将其作为具有500日元价值的钱来接受。

无论是问谁，都只会得到"因为别人接受了这种具有500日元价值的货币，所以我也应该接受"的回答。如果将这一回答简化，就是"所谓货币就是这种东西大家都接受，所以无论对谁来说它都是货币"。进而，把这句话换成被动句的话，就是"所谓货币，因为被当作货币来接受，所以才成为货币"。如果再简化的话，就变成"所谓货币，因为它是货币所以它才是货币"。

这就是"循环论证"。在此表示抱歉的是，虽然措辞看起来有些冷冰冰，但我并不是非得要标新立异，而是在述说真理。在货币的价值中，并不存在像人的欲望那样的实体性的依据，它完全是依靠这一"循环论证"来支撑着它的价值。也许你已经感觉到了，正是这个"循环论证"才是关于货币的最基本真理，也才是对于最初发出的"为

什么 500 日元硬币具有 500 日元的价值"这一提问的终极
答案。

　　这就解开了钱的谜团。实际上，它根本就不是什么
谜团。

货币的抽象化历史

刚才已经证明了"钱作为钱的价值＞钱作为物的价值"这一关于货币的基本定理。从结果来看，这无非是从"所谓货币，因为它是货币所以它才是货币"这一货币的循环论证中推导出的定理。

货币作为交换媒介在人们之间流通，并非因为人们想得到货币这个物品，更不是因为国家发布的命令，只不过是因为它作为货币在人们之间流通而已。正如前文所说的那样，如果作为物品的货币到达与其交换的人手里时，是比其他物品还想要得到的物品，那么谁也不会把货币转交给别人，而只可能自己把它作为物品来使用。那时，货币就不再是货币。所谓货币，如果用好听的话说是"流通于世间之物"；但如果用难听的话说，就无非是谁也不想憋在手头的"抽大王"中的"大王"。

这就是说，货币要想作为货币来流通，其作为物品的价值就越低越好。

当然，远古时代，经济还很落后，充当货币的物品并

货币与苹果交换→货币与货币交换

不固定，货币也许说不定什么时候就不再是货币了。由于经常要面临这样的风险，所以为了防备这一风险，人们或许无意识地将即使是作为物品也具有价值的金银等作为货币来使用了。后来随着社会经济的稳定发展，为了消除核查金银重量和品质所带来的不便，被铸造出来的统一规制的金币和银币就开始被人们所使用了。

再到后来，出于随身携带金币和银币外出既费力气又面临危险这一理由，保证能与金币和银币相交换的票据和纸币，就开始取代金币和银币作为货币流通起来了。这就是所谓的可兑换纸币。到了第二次世界大战结束之后，人们不再将票据与金币、银币相交换，印着1000日元及1万日元这些金额的票据自身就开始作为可兑现纸币流通起来了。这就是我们现在使用的纸币。并且，硬币虽然很久以前就开始出现，但金和银使用起来会发生磨损，变得不再值钱，所以，小额交易便开始使用铁、铜、镍等这些廉价的金属。这就是100日元及500日元之类的硬币之起源。

通过回顾货币的发展史，我们发现从最初的本身就具有价值的金银到金币、银币，再到铁币、铜币并用，逐渐地被价值低廉的东西所取代，如今就变成了几乎没什么价值的金属片和纸片。

终极意义上的货币——数字货币

货币再进一步往前发展将会成为什么呢？无论纸币也好还是硬币也好，价值即使再低廉也是物品，在这一点上没有什么可说的。下面我们说的是被电子化了的记号，也就是"数字"。如果是依靠"所谓货币，因为它是货币所以它才是货币"这一循环论证来支撑其价值的话，货币就完全没有存在的必要。这样一来，将货币的物品部分完全剔除掉的终极形态就是数字货币，仅让被电子化了的数字作为货币来流通。

将电子化了的数字当作货币的设想，其实很早以前就已经出现了。从经济学上看，除了像纸币和硬币这样的现金之外，我们也把存在银行里的存款视为货币。实际上，在我们自己的存款账户里，水电燃气费的缴纳、通过网购购买商品的货款、用信用卡购物的结算等各种各样的支付，虽然看来仅仅是电子信息被从一个银行传送到另一个银行，但也是一种数字货币形式。不过，在日本，电子信息是在全国银行资金结算网（全银网）这一仅仅是将银行与银行连接在一起的封闭网络中进行交换的。

　　与此相反，如果来到了比特币的世界，那就是到了谁都能够利用的互联网把电子化了的数字作为钱来流通的世界。不过，这一尝试也没有什么特别的新奇之处。早在 20 世纪 80 年代后期，有个名叫大卫·肖恩的人就发布了名为 Daisy Cash 的数字货币。我写过一篇小论文，就提出了将这一 Daisy Cash 完全分散化的设想。比特币采取了在每次交易时查对将以往的交易全部记录下来的区块链的正确程度的办法，而 Daisy Cash 与此完全相反，即通过将每次作为货币使用过的数字全部公开的方法来防止假币的出现。在这种情况下，尽管必须每次都要对作为货币使用过的数字进行更新，但如果将其与密码理论的私密签名这一手段进行二次编配的话，那么只要有不带有中央集权性质的管理就能进行交易了。但是，后来发布了 Daisy Cash 的大卫·肖恩的公司破产了，我写的那篇小论文也就不再有人读了。

　　总之，所谓货币是依靠"所谓货币，因为它是货币所以它才是货币"这一循环论证来支撑它的价值的。因此，数字货币的出现在我看来是历史发展的必然结果。并且，在比特币之前，人们就以各种各样的形式进行过尝试，成功还是失败另当别论。

因此，比特币无论是从理论上还是从实践上来看，都不是新奇事物。

比特币已不能成为货币

直到 2016 年以前我都认为，比特币是具有成为货币的可能性的。只不过即使在那个时候，我认为其成为货币的概率也仅为 5% 左右。但是，如今我认为其可能性已经几乎降为零了。

中木聪的论文是在 2008 年发表于互联网上的，比特币的实际出现则是在 2009 年。据说其流通的第一笔交易是不知具体地方的一家比萨店的老板卖给一位顾客两张比萨时收取了比特币。从此以后比特币便开始向地下经济渗透，它的主要作用开始从支付演变为洗钱。尽管后来出现在合法经济领域，并且拓展到发展中国家和发达国家的富裕阶层，但比特币更多的是被美国的中产阶层用于违法的毒品交易，通过上述渠道慢慢地扩展到普通人之中。

我相信，使用比特币的人如果多起来的话，"循环论证"就会开始发挥作用。也就是说，"因为别人使用所以我也使用"这一机制便可能开始发挥作用。2015 年以前，我在想比特币具有成为货币的可能性。但是，2016 年以后，这一可能性便几乎不存在了。那是因为比特币成了投机商品。

比特币在最初时价值非常平稳，几乎没有升降，但后来价格逐渐开始上涨，从 2016 年前后开始价格迅猛上涨。其前兆是在欧元圈的塞浦路斯共和国于 2013 年发生了金融危机的时候，人们觉察到了。住在塞浦路斯岛上的人为了寻找比自己国家的银行更安全的存放钱的地方，纷纷购买比特币，致使比特币价格飞涨。随后，比特币的价格上涨看起来好像已经回到比较平稳的状态，但是，已经尝到一次价格上涨甜头还想再次尝到甜头的人们，便将比特币变成了投机商品，开始对其大量投资。这样一来，比特币在 2016 年前后开始了超乎寻常的暴涨。

这就是其最要命的关键所在，当比特币成为投机商品的时候，其成为货币的可能性也就消失殆尽。理由很简单，即货币的基本定理被打破了。

比特币成了投机商品那意味着什么呢？持有比特币的人们都抱有其价格上涨的期望，假如今天比特币的行情是 1 比特币兑换 1000 日元，那么人们就会期望在一个月以后涨到 2000 日元。这意味着对于那个人来说，1 比特币的现在的价值就不是现在行情的 1000 日元，而是包含了预期收益的 2000 日元。也就是说，虽然比特币作为货币的价值为 1000 日元，但其作为投机对象的价值却是 2000 日元。因为 2000 日元大于 1000 日元，这时，当某种物品作为钱来流通时，作为钱的价值必然要超过作为物品的价值这一关于货币的基本定理就被彻底打破了。

具体来说，如果现在把比特币作为货币来使用的话，只能与价值 1000 日元的商品相交换，但很多人都期望如果再等一个月将其卖出就能得到 2000 日元。在这种时候，肯定不会出现现在就将比特币作为货币来使用的愚蠢的人。也就是说，比特币就不能被当作货币来使用了。

比特币狂想曲的终结

　　关于比特币的狂想曲将要迎来具有讽刺意味的结束。

　　比特币刚出现的时候，曾受到很多人的极度渲染，他们宣称比特币未来大有取代美元、欧元、日元等现有货币，成为新的全球货币的可能。比特币频频出现在大众传媒、电视广告中，围绕它的解读书籍和投资指南更如雨后春笋般涌现，大小规模的研讨会接连举办，这一切都令比特币的知名度迅猛上升。这样一来，想要把它当成投机对象、投机商品的人不断增多。并且，作为其必然的结果，设计者中本聪的目标——比特币将成为货币的期望已经是竹篮打水一场空，仅仅是上演了一场闹剧而已。

　　后来实际发生的事情对于很多人来说都是悲惨的。以年轻人为主的为数众多的人纷纷购进比特币，掀起了比特币购买的狂潮。结果价格暴涨形成泡沫，在 2017 年年末出现了 1 比特币兑换 235 万日元的历史最高纪录。但是，泡沫必将破灭。果不其然，比特币的价格自进入 2019 年以后开始暴跌，最低时甚至跌到最高点价格的 5% 左右。以高价购买的人无疑欲哭无泪。当然，后来比特币的价格也是几起几落，但是，比特币狂想曲已然快要结束，就如同醉酒之后的踉踉跄跄。

在此附带解释一下，比特币的设计者规定了发行量的上限，即在 100 年间只发行 2100 万枚。同时，在发行之初，设计者已进行了"已确定发行量的上限请放心持有"的宣传。但是，这正是因为不懂货币理论所犯的低级错误之证据。为什么这样说呢？这是因为货币发行的数量和其价值并无关系。如果在只种植了 1 万根香蕉的某国流通的货币是 1 万个 1 日元硬币的话，1 日元的价值就是 1 根香蕉。那时的物价水平便是货币价值的倒数，所以是 1。假如在该国流通的 1 日元货币只有 5000 个，那么 1 日元的价值就是 2 根香蕉，物价水准就变成了 0.5，仅此而已。钱的本质不是物品而变成了记号。钱数量的多少仅仅是与钱的价值呈现反比例的上下变动而已。

那么，当比特币在已经决定了发行量的上限时，反而导致人们增加了它的涨价预期。并且，在后面我会讲到，如果传统货币的价值迅猛上升的话，中央银行就会介入，通过增加货币供应量来抑制价值上涨的预期。但由于比特币已经确定了它的发行量，这一机制便无法发挥作用，只能进一步提升涨价预期，导致泡沫膨胀。这真是一个具有讽刺意味的悖论。

中本聪之梦和哈耶克的货币发行自由化理论

虽然我刚才讲到比特币成为货币的可能性已经丧失了99%，但我也不是能掐会算的算命先生。比特币仍顽强地生存了下来，并逐渐地被人们当作货币使用，这种可能性现在来看也不能说等于零。

下面我们幻想一下，假如比特币不仅将日元和欧元甚至将美元也赶跑，成为全球资本主义的基础货币，那时，全球资本主义将会是个什么样子呢？

我认为中本聪在考虑被分散化的虚拟货币之背后有一个梦想。比特币大胆地进行了如下的尝试：避开了中央银行和政府，仅仅是市场参与者，并且仅依据自由竞争原理，来进行货币的供给以及假币的查对。实际上，在本书开头部分就已提出过的自由放任主义者弗里德里希·哈耶克，他在1944年出版了一部标题为《通往奴役之路》的著作。其中称，资本主义发展到今天仍然未能达到完全自由放任阶段。为什么这样说呢？货币发行至今天仍然由国家和中央银行来垄断，只有让民营企业也参与进来才是

THE ROAD
TO
SERFDOM

F. A. HAYEK

哈耶克及其名著
《通往奴役之路》

自由。如果那样做的话，通过各种各样货币之间的自由竞争，只有最有效率、最稳定的货币才能生存下来。其结果就是那个使用最有效率且最稳定的货币的资本主义社会也才能最有效率、最稳定。哈耶克在该部著作中提出了上述主张。我从作为社会思想家的哈耶克那里学到很多知识。特别是他的自由秩序理论和知识分工理论使我得到了很大的启发。但是，不幸的是，我认为哈耶克的自由放任主义从理论上来看是错误的，而且他提出的货币发行自由化论也是有百害而无一利的主张。

中本聪的比特币可以看作是哈耶克的货币发行自由化论之现代版，并且，通过将所发行的货币置换为国家和中央银行难以管控的在互联网上瞬时流通的"数字"，想要实现超乎哈耶克想象的纯粹的自由放任主义的资本主义社会。

设想比特币称霸之后的全球资本主义，也正是追问这种纯粹的自由放任的资本主义究竟有无实现的可能。对这一问题作出回答，理应会成为这次采访的焦点之一。但是，为了给出更好的回答，我必须要做些准备工作，那就延后到第三章再回答吧。

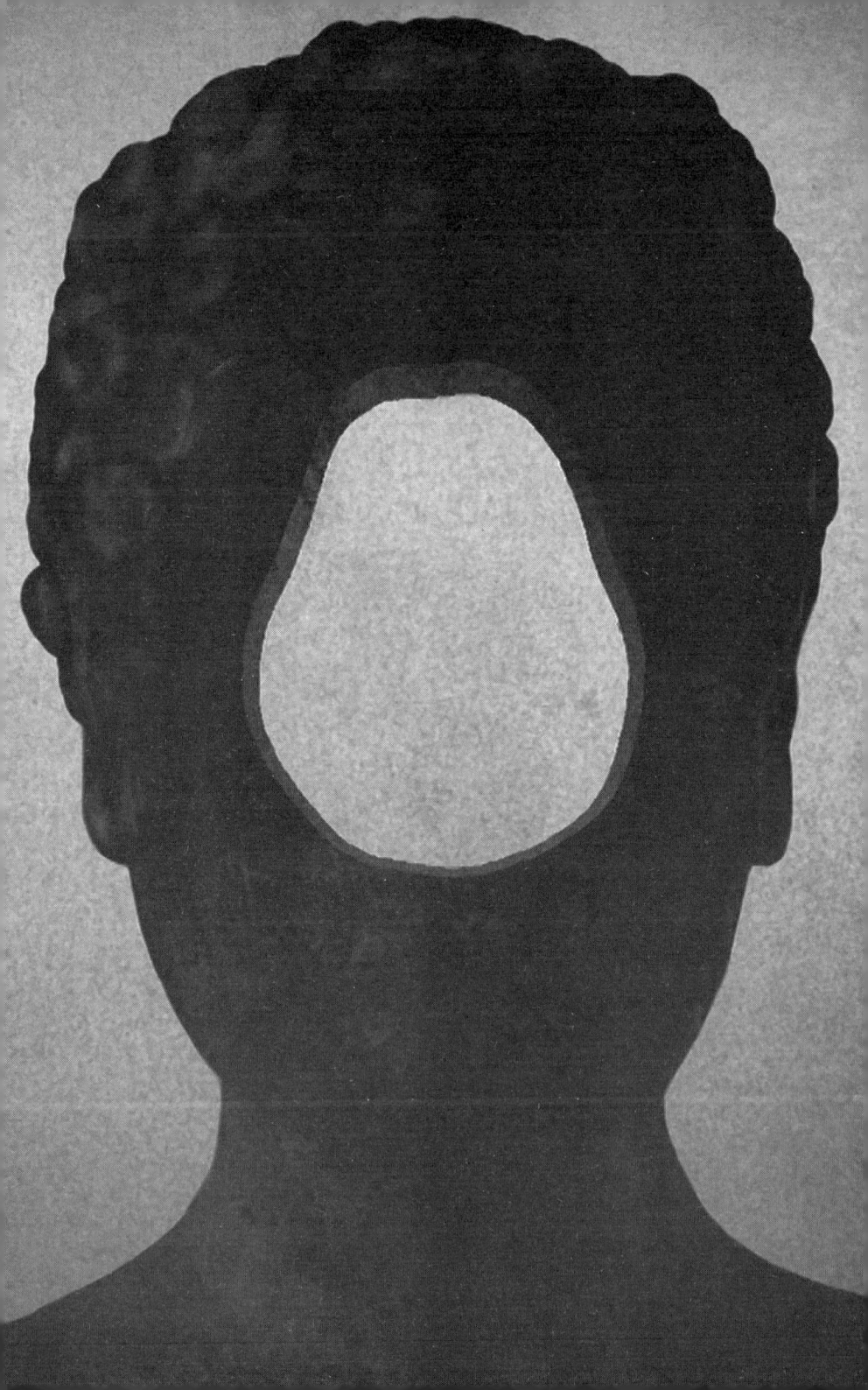

第 二 章

金融投机和两种资本主义观

雅典卫城

亚里士多德和弥达斯王的神话

　　我认为，世界上第一位深刻理解货币本质的人就是古希腊哲学家亚里士多德。亚里士多德是与苏格拉底、柏拉图齐名的古希腊伟大思想家。而且，在近 40 年间，我关于货币越是深入研究就越发现他的伟大。

　　亚里士多德生于公元前 384 年，死于公元前 322 年，出生地并非是希腊，而是由马其顿王国统治的名为斯塔基拉的地方。他在 17 岁左右的时候前往希腊雅典，进入由柏拉图创办的名为阿卡德谟的学校读书。后来他曾经担任企图称霸世界的马其顿王国亚历山大大帝的家庭教师，并由此而闻名遐迩。实际上他的学识远超于此，正如他被称为"万学之祖"那样，物理学、生物学、逻辑学、修辞学、诗歌学、政治学、伦理学、哲学等，可以说在我们能够想到的所有领域，他都进行过相当深入的研究。在其完成的多部著作之中，虽然对于货币展开论述的仅有《政治学》和《尼各马可伦理学》这两部，但在《政治学》这部著作里，他记述了非常著名的关于弥达斯王的神话。

亚里士多德半身像

　　该神话的大体内容如下：有位名叫弥达斯的国王，对于财富有着贪得无厌的欲望。为了得到更多的黄金，他向神发出祈祷，请求把他自己用手触摸过的所有东西都变成黄金。于是，神故意满足了他的祈求。其故事结尾有两个版本。其中一个版本是，国王在想吃食物的时候，由于手接触到的食物全部都变成了黄金，最后竟然饿死了。另外一个版本的结局更为悲惨：国王一时没注意，他的手刚一碰到他最喜爱的女儿，女儿就变成了用黄金制成的雕像。

古希腊在流通经过铸造的硬币之前，金银曾一直以金块银块的形式流通。弥达斯王的悲剧就是因为他是货币商品说的信奉者而发生的。国王深信金银什么都能买，就是因为闪闪发光的金银本身就具有价值，这才非常愚蠢地向神祈求，而遭到神的捉弄的。

亚里士多德自己在谈及弥达斯王神话，做了如下的阐述："货币是没有价值的东西，完全是人们达成协议的产物，并非自然就成为货币的。之所以这样说，是因为假如经营货币的人改换成了别的货币，原来的货币就不再有任何价值，在购买生活用品时完全派不上用场。即使是拥有再多的原先的货币，有可能连吃喝的东西都买不起。但是，如果将拥有很多货币却因饥饿而死当作富有的话，这完全是不合情理的事情。正如在那位弥达斯王的故事中所看到的那样，正是因为他有希望他面前能够触及的所有东西都变成黄金这一贪得无厌的愿望，他才会被神所戏弄。"并且，在《尼各马可伦理学》中，亚里士多德也做了几乎同样的表述："把它（货币）做出改变也好，变成无用的东西也好，都是我们力所能及的事情。"

的确如此，这正表明亚里士多德是最先明确否定了把货币价值作为物品价值来解释的思想家。

　　不过，在此附带说明一句，在上面所引用的著作中，亚里士多德把货币表述为"人们达成协议的产物"。亚里士多德明确否定了货币商品论，而且可以推测他可能也不持有货币国定说的看法。如果不仅否定货币商品论，对货币国定说还明确给予否定，那么要想推出"所谓货币，因为它是货币所以它才是货币"这一货币的循环论证，必须要等到在 18 世纪初当上了法国的中央银行总裁、后来又坐在了财务部长位置上的约翰·劳的出现之时才能完成。

　　而亚里士多德在此告一段落，在后面的第四章，还要请他作为资本主义的发现者再度登场。

约翰·劳

　　约翰·劳 1671 年出生于苏格兰的富裕金匠家庭，是家里的长子。金匠用英语来表达是"Goldsmith"，如果直译的话是"黄金锻造加工店"。有趣的是，他的父亲并非单纯的金匠，因为他的父亲还将客户存放在店里的一部分贵金属流转出租，从中赚取利润。这就相当于现在的银行业所开展的业务活动。但是，约翰·劳并没有子承父业，他于 20 岁时到了伦敦，凭借其英俊的相貌、过人的口才、极佳的运动天赋和运气，很快就成为上流社会的宠儿，但是，因在女性面前争宠引发了与情敌的纠纷，并在一场决斗中将情敌杀死，他被判以绞刑缓期执行，后在朋友的帮助下成功越狱，成为逃犯浪迹欧洲各国。其间，他掌握了一种惊人的本领，那就是无论扑克牌出现何种组合，他都能够在瞬间计算出打败对手的概率。他依靠这一独门绝技混迹于各家高级赌场来赚取生活费。据说除此外，他并没有进行过其他的诈骗活动。

　　不过，劳并不只是到处游荡。实际上他在欧洲大陆逃亡的时候，最初的停留地选择了荷兰的阿姆斯特丹。劳认为，要想让他的故乡苏格兰富裕起来必须改革其金融制度。荷兰的阿姆斯特丹在当时是全球资本主义金融中心，阿姆斯特丹银行是近代中央银行业务的领跑者。劳进入该银行担任柜员，实地学到了信用制度和金融知识。他从该银行辞职之后，一边频繁出入欧洲主要都市的大型赌场，一边思考关于货币的新理论和货币供给新体系的构想。并且，他在赌场赢了一大笔钱之后悄悄地回到故乡苏格兰开始了他的著书事业，于1705年出版了一部题目为《论货币和贸易》的小册子。

货币的循环论证和约翰·劳的体系

在《论货币和贸易》中，约翰·劳提出，苏格兰贫困的最大原因是货币供给不足，因此存在着非常多的无效率物物交换，为解决这一问题必须使用新的货币供给方法，那就是在后文所说的"劳的体系"的"信用货币制度"。不过，《论货币和贸易》并不只是提出了新的信用货币制度的小册子，还是一部将其提议建立在经济学基础之上的理论著作。并且，令人吃惊的是，在该书所提出的正是货币的自我循环论证。

当时的英国和苏格兰采用的是银本位制。劳首先阐述了"在银被用于物物交换时，它被赋予与作为金属交换时相应的价值"这一理所当然的事情。但紧接着他指出，银只要有一次被作为货币使用，"银所具有的成为货币这一附加的用途就相当于为其附加了价值"。也就是说，只要银被作为货币来使用，它就被赋予了超过其作为金属的价值的价值。这无非就是在上一章所证明了的"钱作为钱的价值＞钱作为物的价值"这一基本定理。也就是说，劳直截了当地摒弃了货币商品论。

　　紧接着他将话锋反转过来指出，"这一附加的价值并非是超出银在物物交换时作为金属的价值所想象出来的"，从而也摒弃了货币国定说。也许以现代人的角度很难明白他所表述的意思，但在这里劳所说的"想象出来的"价值，意思就是国王的命令和国家的法律"人为赋予"的价值，换句话说就是"法定的"。劳的主张就是说，银作为货币就开始具有的附加价值并非是国王的命令和国家的法律所赋予的法定价值。这正是批判了货币国定说。事实上，劳关于铸造货币做出断言："刻印并非是附加了什么价值。"

　　那么，所谓的货币用途，也就是作为货币来使用的银被赋予了超出作为金属的价值的"附加的价值"究竟是什么呢？对于这一问题，劳是这样回答的："所谓货币，并非是相对于其他商品被交换时的价值，而是依靠其他商品被交换的价值而确定的价值。货币的用途是购买商品。"

　　这就是后来被各种学派的经济学家在误解下引用的、非常有名的那句话，但劳所说的话本意并没有被误解的余地。所谓货币的用途就是和它交换、购买商品。也就是说，货币被作为货币来使用就是它的用途。如果换成我自己的话来说，那就是"所谓货币，因为它是货币所以它才是货币"。

　　的确如此，劳所提出的无非就是这个"货币的循环论证"。

　　一旦得出这一货币的循环论证，就没有必要将像银那样的贵金属作为货币。实际上，正如劳自己所阐述的那样，"如果货币具有必要性……无论什么样的商品……都能够成为货币"。正因为这个原因，中央银行发行的纸币，只要保证了安全性，就能够作为货币来流通。由这一结论就可以一条线直达信用货币制度。劳建议推行的货币制度，不是银币自身，而是让约定好与银币相交换的纸币（可兑换纸币）作为货币来流通的制度。这就是所谓的"劳的体系"。

密西西比泡沫

1705 年《论货币和贸易》刚刚出版，约翰·劳就立即开始四处兜售他的理论。他首先向苏格兰议会提议，但被否决，然后他前往伦敦，向英格兰的财务部长提议，也被否决。并且，因为此举，在决斗中被他刺死的情敌的家人掌握了逃犯劳正在伦敦的消息，那些人准备再次将劳告上法庭，劳不得已再次踏足欧洲大陆。

在欧洲大陆上，劳一边通过赌博大笔赢钱，一边向欧洲各国的统治者兜售他的理论。在度过了很长的毫无成果的时光之后，他突然在 1715 年时来运转。自称太阳王的法国国王路易十四去世，并且，为了辅佐年幼的路易十五，奥尔良公爵被任命为摄政王。这位奥尔良公爵是劳早年在高级赌场结识的赌友。当时的法国，由于太阳王的大肆挥霍，经济疲敝，失业人员充斥各地，宫廷财政已经到了破产的边缘。劳开始向正在面对货币饥荒的法国兜售他的信用货币制度。

1716 年，在奥尔良公爵的强力支持下，劳在巴黎旺多姆广场成功地设立了被命名为"中央银行"的私营银行，开始发行银行券。该行发行的银行券由于作出了即使金币、银币被恶意铸造也能保证客户在存款时金银的重量和品位的承诺而得到了人们的认可，结果法国的货币供应量迅速膨胀。凭借这一功劳，私营的中央银行升格为皇家银行，劳被任命为总裁。此后，劳在 1717 年设立了一家名为"密西西比公司"的股份公司。这是一家对于处在美国密西西比河流域的殖民地路易斯安那的贸易和开发拥有垄断承包权的特权公司。

这一期间是劳理论的黄金期。

1719 年，劳扩大了密西西比公司并将其更名为东印度公司，同时劳也开始为该公司募集新股。开拓谁都没有见过的遥远的密西西比河流域这一梦幻般的景象，激发了一批又一批人心中的梦想，既而掀起了空前的股市泡沫——臭名昭著的"密西西比泡沫"。这一事件从一开始就注定了它的结局：该泡沫和比它早一个世纪的荷兰"郁金香泡沫"，经常同时出现在后来的关于泡沫和羊群效应的书籍中。那时，公司的股价涨到了票面价格的 20 倍，来自法国各个阶层的人们抱着成捆的银行券蜂拥赶到进行股票交易的坎康普瓦大街，股票交易的现场完全处于一种癫狂状态。在股民中涌现出许多暴发户，奢侈品的价格暴涨。法国出现了空前的繁荣景象。在此次泡沫中，劳作为一个英国的逃犯，在法国属于外国人，却被任命为法国的财务部长，成为法兰西王国财政的最高负责人。

但是，泡沫终归是泡沫，迟早都会破灭。以有关殖民地经营的负面传闻为开端，股价开始暴跌。而这次是不管多便宜也想要抛售东印度公司股票的人潮涌来，坎康普瓦大街再次出现人满为患的局面。害怕事态进一步恶化的王室大幅下调了银行券与银币的兑换比率。此举导致更加致命的后果，引发了大规模的挤兑骚动，劳的理论土崩瓦解。貌似繁荣的法国经济急转直下，突然之间进入危机状态。

人们把愤怒的目光都聚焦在劳一个人的身上，劳悄悄地从法国溜走了。不知为何，他的妻子和孩子留在了巴黎。随后，他一边抱着东山再起的幻想一边孤独地辗转于欧洲各地，最终于1729年在意大利威尼斯的一处贫民窟里，因身患感冒贫病交加凄凉地结束了其58岁的生命。

我在30多年前去威尼斯旅游的时候到访了劳的墓地，看到在墓碑上刻着下面几句话："这个著名的苏格兰人长眠在这里。他的谋划能力无人企及。他用简单的代数规则，致使法国沦落到衰败境地。"

约翰·劳的遗产

约翰·劳深知，采用信用货币制度必然会出现币值不稳定问题。银行印刷的纸币超过金库保有的银币数量，就应当向企业提供贷款，仅这一超出的部分会促使"货币供应量增加，为企业带来利润，增加人们的就业，扩大对外贸易"。这无非就是后来约翰·梅纳德·凯恩斯提出的有效需求理论。不过，如果出于某种理由，持有纸币的所有人同时要求换成银币的话，银行当然会陷入无法应付的境地，也就是上方所说的出现挤兑事件。

但是，劳是一个不为既成概念所束缚的人。他很清楚，通过增加货币供应量可以起到提高国家的经济效率和促进经济发展的积极作用，但也会伴随银行挤兑所造成的不稳定性这一消极作用。因此他对这两种作用进行精确比较之后，发现只要将纸币的流通量保持在准备金的4—5倍的水平上，积极作用就会远远超出消极作用。因此，他大力提倡信用货币制度。并且，他还发现万一挤兑风潮真的发生了的话，只要大幅提高纸币发行量或者大幅提升银币的纯度，就能够应对挤兑局面。这其实就是今天的中央银行为应对量化宽松和操纵利率而采取的对策，如今这一对策已经成为各国应对金融危机的普遍做法。

但不幸的是，在密西西比泡沫开始破灭时，由于已经慌乱一团的王室的反对，劳已经无法采取这种应对危机的策略，并且，只能呆若木鸡地看着自己辛辛苦苦构建起来的理论土崩瓦解。

人们对约翰·劳的评价褒贬不一。例如法国的政治思想家孟德斯鸠在其所撰写的《波斯人信札》中，将劳描写成彻头彻尾的大骗子。并且，德国的文学家歌德《浮士德》中出现的恶魔墨菲斯托菲利斯也将约翰·劳作为原型之一。在《浮士德》第二部中，墨菲斯托菲利斯怂恿神圣罗马帝国的皇帝发行纸币，结果经济陷入瘫痪，并招致了国内僭主的叛乱。

与此相反，在劳死去200多年以后，约瑟夫·熊彼特在其《经济发展理论》一书中，却称赞劳是"穿越所有的时代构建了最高水平的货币理论的人物"。凯恩斯虽然没有直接谈论过劳，但将劳视为自己理论的引路人，这一点应是毫无疑问的。我认为，他是害怕人们将自己视为第二个劳，而有意避开劳的名字的。

我本人完全赞同熊彼特对劳的评价。事实上，劳的肉

体虽然消失了，但劳的理论本身并没有随之消失。而且，
从故事已经过去了近 3 个世纪的今天，与我们的生产生活
密不可分的金融体系正是源于劳的理论。正如劳本人所充
分认识到的那样，这一理论一方面能够发挥大幅提高经济
效率的作用，另一方面也会大大增加经济的不稳定性，从
本质上来看具有"效率性和稳定性二律背反"的特征。约
翰·劳在短短的几年间，亲身体验了这种二律背反的过山
车式实践。

两种资本主义观——新古典学派和非均衡学派

关于资本主义有两种对立的看法。

第一种是以亚当·斯密为始祖的新古典经济学派的看法。它完全相信市场中"看不见的手"在起作用。他们主张将资本主义变得越来越纯粹，由市场遍覆整个地球，达到既具有效率性又具有稳定性的"理想状态"。因此，新古典经济学派将所有阻碍市场顺利运行的东西都视为万恶之源。这些东西包括：在现实的劳动市场中存在着妨碍人的流动的习惯和规则；在商品市场中存在着妨碍物的流动的规制和税制；在资本市场中存在着妨碍钱的流动的监管和法律。如果将它们全部清除的话，资本主义就会变得既有效率又稳定。在 20 世纪，这种新古典学派资本主义论的代表性人物，就是在第一章已经提到名字的弗里德里希·哈耶克和米尔顿·弗里德曼。哈耶克本来是奥地利人，后来前往英国，后半生在美国芝加哥大学任教。弗里德曼也曾长年受聘于芝加哥大学。

第二种看法是以凯恩斯为代表的非均衡学派。其最主

INQUIRY

INTO THE

Nature and Caufes

OF THE

WEALTH OF NATIONS.

By ADAM SMITH, LL. D. and F.R.S.
Formerly Profeffor of Moral Philofophy in the Univerfity of Glasgow.

IN TWO VOLUMES.

VOL. I.

LONDON:

PRINTED FOR W. STRAHAN; AND T. CADELL, IN THE STRAND.

MDCCLXXVI.

亚当·斯密和他的《国富论》

要的理论先驱就是身为逃犯的约翰·劳。另外，不如凯恩斯那样名气大，曾一直活跃于瑞典的克努特·维克赛尔也是比较重要的人物。我也作为这一学派在当代的代表性人物之一，撰写了《非均衡动态分析理论》和《货币论》等著作。

　　如果从第二种学派的观点出发，资本主义并不存在理想状态。如果让资本主义变得纯粹，的确会增强效率性，

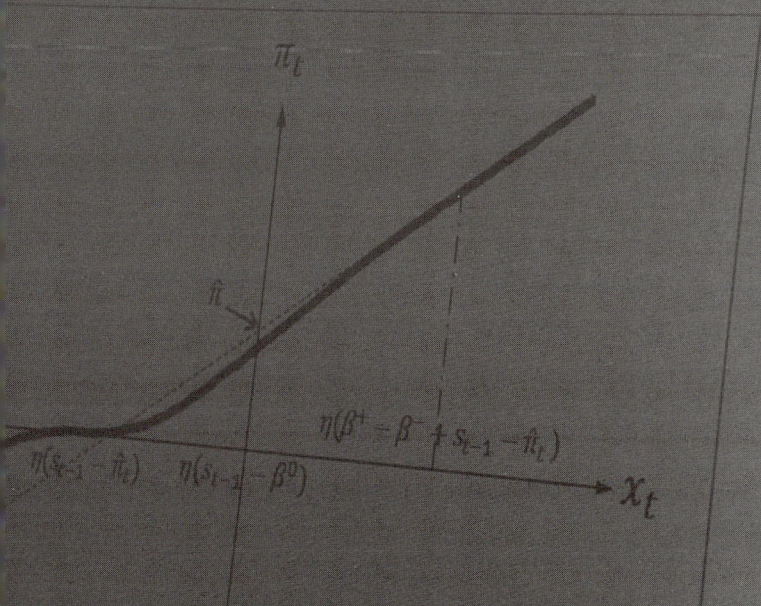

维克赛尔 – 凯恩斯 – 菲利普斯曲线

但反过来稳定性就会下降。资本主义尽管经历了大萧条等多次危机，但总算还是保持住了某种程度的稳定性，正是因为有着货币工资刚性、复杂的税制、对金融投资的规制以及依靠政府和中央银行干预市场的财政政策和货币政策等阻碍市场机制自由发挥作用的东西。当然，作为其代价，如果有效需求不足的话，就会出现劳动力的失业和生产设备的闲置；如果有效需求过旺的话，就会出现商品的不足和超负荷劳动等非效率性。这就处于如果效率性增强就会出现不稳定，如果追求稳定性就会出现非效率性这样的状态，即效率性和稳定性的二律背反。

凯恩斯革命和新古典学派的反革命

正如 19 世纪被称为自由主义的世纪那样，那段时间是自由放任主义思想占据主流地位的时间。但是，进入 20 世纪以后，该思想开始阴云密布，以 1929 年纽约股市暴跌为开端，人们开始思考新的经济理论。1936 年，凯恩斯撰写的《就业、利息和货币通论》出版，随即掀起了一场所谓的"凯恩斯革命"。依靠凯恩斯政策所取得的成功，资本主义暂时恢复了稳定。但马上，于 20 世纪 60 年代出现的以弗里德曼为引领的芝加哥经济学派，在 70 年代掌握了经济学界的主导权。紧接着，深受弗里德曼等人思想影响的美国里根政府、英国撒切尔政府，从 80 年代开始，其经济政策再度朝着自由放任主义的方向做出重大调整。

欧美国家以自由化为旗号在众多领域放宽了规制，以将所有风险证券化，证券风险也将以金融革命为先导再进一步证券化，开始了一场用市场遍覆全世界的全球化。也就是说，所谓全球化，其实只是新古典经济学派

JOHN MAYNARD KEYNES

THE GENERAL THEORY

OF EMPLOYMENT, INTEREST, AND MONEY

"I can think of no single book that has so changed the conception held by economists as to the working of the capitalist system."
—Robert L. Heilbroner

凯恩斯与《就业、利息和货币通论》

的"大型实验"，其主导思想就是资本主义越纯粹就越接近效率性和稳定性都提高的理想状态。

但是，以 2008 年的雷曼冲击为导火索的世界性金融危机，意味着这一大型实验以大失败而告终。资本主义全球化，的确为整个世界带来了很高的经济增长率。从事实来看，世界的绝对贫困率从 1980 年的超过 40% 下降到 2015 年的 10% 以下。不过，与此同时，也带来了被称为"百年一遇"的世界规模的经济危机。事实已证明了资本主义所具有的效率性和稳定性二律背反的这一特征。

弗里德曼的投机理论

那么，为什么效率性与稳定性之间具有二律背反的关系呢？

这是因为资本主义是建立在投机基础之上的体系。

所谓投机是指什么呢？

我们可以先从不动产的买卖看一下。一般人都是为了居住而购买房子，这不是投机。因为那是将房子作为物品来使用的。其实在第一章，讲到商品的价值说穿了是由人们的欲望所决定的时候，就已经假设了这样一种情况。但如果是期望将来升值，以转卖第二套、第三套房子为目的而购买，那就成了不动产投机。

也就是说，"不是自己为了作为物品来使用，而是为了将来卖给别人而购买什么"，这就是投机的定义。

同时，投机就会出现泡沫，泡沫必然会破灭。由此可见，投机是引发经济危机的根源。

但是，假如自由放任主义的代表性人物米尔顿·弗里德曼现在还活着的话，对于这样的结论，他肯定会立即表示反对。

估计他会说："胡说什么投机引发危机，岂有此理！所谓投机从本质来看就是稳定的。正是因为有投机，才会强化市场那只看不见的手的作用。"

下面来解释一下弗里德曼的投机理论吧。假如某家公司的股价在股票市场处于上涨的时候，有继续购进该股票的投机者存在，股价就将进一步上涨；反过来，如果在某家公司的股价下跌的时候，有继续卖出该股票的投机者存在，股价就将进一步下跌。在这种情况下，市场的确会变得不稳定。但是，弗里德曼指出，像这样的投机者是非理性的。为什么这样说呢？在价格高的时候买进，在价格低的时候卖出，这样的投机者到头来必然会亏损。并且，如果将这种亏损的投机继续下去，很快就会因为破产从而退出市场。这样一来，能够在市场上不被淘汰并生存下来的投机者，都是那些通过在价低的时候买进、在价高的时候卖出、从投机中得到利益的理性投机者。当然，只有那些在价低的时候买进、在价高的时候卖出的理性投机者生存下来的市场，才会出现价格一下跌就有人买进、价格一上涨就有人卖出的状况。这正是一个"稳定的"市场。因此，投机会使市场变得稳定。

这实在是很巧妙的结论，我认为即使称其为天才也不过分。也就是说，亚当·斯密的"看不见的手"的理论被推广到具有投机性的市场，自由放任主义思想还将其应用范围扩展到了极限。实际上，他的这一投机稳定化理论是在 1953 年提出的，只不过这一理论最初并非是针对股票市场的投机，而是针对外汇市场的投机而言的。并且，这一理论给后来的世界经济发展造成了重大影响。1971 年，时任美国总统的理查德·尼克松突然宣布，停止美元与黄金的等额兑换，也就是所谓的"尼克松冲击"。这就导致此前基本固定的外汇汇率变成了在外汇市场根据供求关系自由变动。金融自由化和金融全球化由此拉开序幕，各国经济一步迈进全球化时代。促使这一潮流进一步加速的是20 世纪 80 年代里根–撒切尔改革，令世界经济全球化的势头更加迅猛。

尼克松总统是弗里德曼自由放任主义思想的信奉者。促使他毅然做出舍弃固定汇率制决断的，正是弗里德曼的投机稳定化理论。

凯恩斯的"选美竞赛"

实际上，对于弗里德曼的投机稳定化理论从根本上予以批判的理论，早在弗里德曼的这一理论出现的10多年前就已经问世了。那就是凯恩斯在其1936年出版的《就业、利息和货币通论》的第十二章里提出的"选美竞赛"理论。

所谓凯恩斯的"选美竞赛"，是指当时英国的大众报纸实际上已经出现的选美比赛。评审人员从装模作样地在舞台上姗姗迈步的女性中按一定的标准选出最美小姐。首先，评审者在报纸上刊登60名在舞台展示中胜出的女性照片，由读者投票选出第一美女。这与早期古典式选美是相同的。但其次，还有个条件就是给为得票最多的美女投了票的人一笔数额不菲的奖金。由于添加了这一观众参与的要素，这种选美就成为与古典式选美完全不同的选美比赛。

为什么这样讲呢？如果想要为这一比赛投票从而赚取奖金的话，像古典式选美的评审人员那样按照客观的美人

凯恩斯"选美竞赛"理论，最长相平平的反而成了胜出者

标准来投票的话是徒劳的。并且，为凭自己的主观判断认
为是美人的人投上一票也是徒劳的。读者必须预先想到处
于平均数之上的投票者会判断哪位是美人，并为那个人投
上一票。可是，这样做也许也是徒劳的。当时，英国正处
于大量的人都在失业中挣扎的大萧条最严重的时期。这样
一来，其他投票者肯定与自己一样都想得到这笔奖金。因
此，就必须再向前迈出一步，事先想到处于平均数之上的

投票者是如何预判其他处于平均数之上的投票者是投给谁的。并且，肯定还会有做出更高层次的预判的人。也就是说，所谓通过凯恩斯的"选美竞赛"理论所选出的"美人"，说到底，只不过是循环论证的产物，具体来说就是，预测大家会选其当美人，是因为大家这样预测所以大家选其当了美人。

因此，碰巧出现某人因为什么理由好像得到了很多选票的传言，投票给那个人赚取奖金的概率就会大大提高。事后，实际收集大家的选票后得出计票结果，那个人果真被选成了美人。如果有别的传言出现，也许美人就成了别人。简单来说，就是"骑上取胜的马是取胜的秘诀"。就是说，为了获得这匹取胜的马可以制造谣言。这个谣言只要在大众中间传播开来，无论是添油加醋还是谎言假话都无关紧要。

通过凯恩斯的"选美竞赛"理论推选出美人，既没有客观的依据也没有主观的依据。并且，这位所谓的美人的地位，每天都会发生变化，完全是不稳定的。

凯恩斯对决弗里德曼

凯恩斯之所以会提出"选美竞赛"理论，是因为他认为那是专业的投机者们展开激烈角逐的金融市场之最佳模型。包括股票市场、债券市场、外汇市场、期货市场等在内的金融市场，是与实体性的供求相独立的。它们会以琐碎的消息和含糊的传言为契机，导致价格在瞬息之间出现剧烈波动。凯恩斯就是想要利用这一模型表明金融市场所具有的本质上的不稳定性。实际上，价格一上涨，大家你也预期还会上涨我也预期还会上涨，都大量买进，价格真的就开始暴涨。这就是泡沫。价格一下跌，大家你也预期还要下跌我也预期还要下跌，都大量抛售，价格真的就开始暴跌，引发恐慌。

那么，关于投机，弗里德曼和凯恩斯的投机理论，究竟应该哪个更胜一筹呢？

谁胜谁败是很显然的。实际上，弗里德曼思考的是投机者是从生产者那里直接买到商品再转手直接卖给消费者的这一田园牧歌式的投机。在这种情况下，实际上开展的投机也许正如弗里德曼所指出的那样有助于市场的稳定化。

正如人们所熟知的那样，凯恩斯无论作为经济学家还是作为投机者都大获成功。而凯恩斯所设定的是像股票市场和期货市场那样的金融市场。例如，石油的购买者如果在期货市场购进一年后的石油，就能够规避价格变动的风险。即使一年后石油的价格下降了，也能够按照预先约定好的价格得到石油。不过，要想让这样的事情变成现实，必须要有许多将赌注压在一年后价格将会上涨、一旦价格下跌则会积极承担风险的期货卖家。也就是说，有许多自己愿意承担风险并期盼能大赚一笔的专业的投机者参与，期货市场才得以生存下去。并且，除了是像石油那样的商品期货，债券、股票、外汇的期货以及期权、互换等的金融衍生产品的市场，即并非是实体的经济活动，而是围绕在金融市场上发生的风险进行交易的市场，大多由专业的投机者所占据。

那么，在这样的市场里，如果是理性的投机者将会采取怎样的行动呢？当然会像在那个"选美竞赛"中想要赚取奖金的报纸读者那样采取行动。也就是说，对于理性的专业投机者来说，最重要的已经不再是自己如何预测将来是商品不足还是商品过剩的问题，而是预测与自己同样密切注视市场、与自己同样进行理性思考的别的专业投机者，他们正在预测价格会上涨还是预测价格会下跌，并抢在其前面进行交易。并且，那就会出现每一位专业的投机者越是相信彼此的理性，就越有必要进行更高层次的预测。也就是说，为数众多的专业投机者互相之间开始交易的话，市场就完全变成了凯恩斯的"选美竞赛"的状态。并且，在那种市场上成交的价格已经失去了供求关系这一实体性的锚，只要一有什么小道消息或不知真假的传闻，就会在瞬息之间开始大幅波动，从本质上来看永远都会处于不稳定的状态。

理性的悖论

在此应该强调的是，价格的剧烈波动，并非是由米尔顿·弗里德曼所说的那种愚蠢投机者的非理性造成的。正好相反。头脑特别灵敏的专业投机者们将相互之间采取的行动经过反复理性预期所得到的结果，才是导致市场价格剧烈波动的真正原因。凯恩斯根据这一"选美竞赛"理论，给我们指出了在社会现象中固有的理性悖论。也就是说，个人的理性追求很可能导致整个社会的非理性结果。

这就表明，即使是在同一个市场里进行交易，且假定同样是追求自我利益和基于理性预期，凯恩斯提出了与米尔顿·弗里德曼不同的理论。而该理论竟然与亚当·斯密宣称的"看不见的手"的思想完全对立，也就是说，即使不存在违背市场规律的习惯和制度，即使不存在恣意的政府干预和规制，在市场里本来也具有不稳定性。更进一步来说，伴随着全球化所带来的市场扩大，违背市场规律的习惯和制度被清除，中央银行的干预不再有效，政府的规制被废除，为数众多的人开展理性投机活动的自由越是增大，市场就越会成为"选美竞赛"的场所，不稳定性反而会有增大的可能。

实际上，世界上最早出现的有组织的期货市场被认为是日本江户时代设在大阪堂岛的稻米会所。例如，就像金泽藩曾被称为"加贺百万石"那样，江户时代武士阶层的主要收入是每年领到的贡米。但是，因参勤交代制度的推行，大名及其家臣每隔两年都必须要到江户（今东京）工作一年，大名的正室和长子则必须作为人质长年居住在江户。江户在当时就已经发展成为消费型的大都市。当时，稻米的收获期只能是在秋季，而在江户生活全年都离不开钱。因此，作为将预定在秋季收获的将来的稻米换为现在的钱的市场，1730 年，在当时的日本资本主义经济的中心——大阪的堂岛，出现了稻米的期货市场。与被称为"正米"交易的稻米的现货市场相对应，稻米的期货交易被称为"合账米"交易。

不过，大阪的稻米会所开展的是像稻米那样的实物期货交易，而交易金融产品期货的市场，最初是由弗里德曼思想的忠实追随者利奥·梅拉梅德于 1972 年在芝加哥商品交易所开设的外汇期货市场。并且，跟随自由放任主义的时代潮流，再加上应用了新古典经济学的金融工程的发展，以金融产品期货市场为首的金融衍生产品市场得到了迅猛发展。但具有讽刺意义的是，这一切事件都证明了并非是弗里德曼，而是凯恩斯的投机理论才是正确的。2008年，正是由于高度发达的美国的金融市场出现泡沫破灭，才引发了百年一遇的经济危机。

不过，也许会有人对此提出如下的反驳：

的确，股票市场、债券市场、外汇市场和金融衍生产品市场等金融市场，也许是由于专业投机者的投机大战变得不稳定的。不过近几年来，虽然金融市场一再扩大，但金融市场并非资本主义经济的全部。资本主义经济的核心终究还是实体的产品和服务进行交易的通常意义上的市场。在纽约、伦敦、东京的证券交易所通过互联网每秒进行大笔买卖的专业投机者们，对于我们这些普通的市民来说就是另类的存在。在超市买食品、在百货店买衣服、在银行支付房贷时，看起来我们普通人的经济活动与投机完全不沾边。

但实际上，我们普通的市民并非与投机毫无关系。

第 三 章

货币就是投机

从空中撒下的 1 美元面值纸币

钱就是纯粹的投机

我在第一章讲到，由于比特币变成了投机商品，结果它自己将自己能成为货币的可能性消灭殆尽了。

不过，我下面的这段话，也许反而会把大家搞糊涂。实际上在我看来，如果再做更深层的思考，我们在花钱的时候，就是在无意识地进行投机活动。虽然花钱这件事从本质上来看是投机活动，但只要是没有将其作为投机来认识，还是将其当成普通的货币流通为好。不过，我即使这样说，恐怕大家仍然没能明白，下面我就再为大家着重解释一下。

何谓投机？

就像在第二章已经给出了的定义那样，"不是为了自己作为物品来使用，而是为了将来卖给别人而买什么"，这就是投机。

我们平时都要花钱。在超市买食品、在百货店买衣服、向银行支付房贷。那个时候，只要没有受到我那本《货币论》的过分"毒害"，理应不会想到自己是在进行投机这样的事情。但是，真的就是这样吗？把上面给出的"投机"的定义对照钱来思考一下吧。

例如，我是以从大学领取工资的形式得到钱的。具体的数额在此就不讲了，但那也可以说是我开展教育和研究工作的酬金。将关于商品通常所使用的"买卖"这一词语，也用在货币上面来看看，我是从大学那里和我的工作相交换才买来了钱。但是，此前我已经多次讲过同样的事情，那并非是我为了将钱自身作为物来使用的。钱就其自身来说也没有什么用途。与那些没有用途的钱相交换，是为了得到罐装咖啡、T恤衫和房子。再换句话说，我是准备把钱卖给别人，与其交换得到自己想要的东西。也就是说，我认为钱将来也一直具有作为钱来使用的价值，这就是在投机。

花钱，也就是将自身什么用途也没有的钱作为钱来流通这一行为，可以说是这个世界所存在的"最纯粹的投机"。

恐慌——钱的泡沫

我们每天毫不在意地花着钱。但如果认真思考一下，就知道这是件非常令人恐惧的事情。我们所生活的资本主义社会是全方位地依赖钱这种东西的社会，所以资本主义社会也可以说是由钱来支配一切的社会。如果说花钱就是投机并且是纯粹的投机，那么资本主义社会从本质上来说就是充满不稳定性的社会。

为什么这样说呢？投机必然会产生泡沫，过度膨大的泡沫必然会引发恐慌或危机。

那么，所谓钱的泡沫是指什么呢？

在此以不动产市场为例。所谓不动产泡沫，就是指不动产价格不断上涨。因此，所谓钱的泡沫，是指钱的价值不断上涨。那么，所谓钱的价值不断上涨，是指什么意思呢？那就是用钱能够买到的物的价格，或者也可以说是物价不断下跌。所谓钱的泡沫就是指物价下跌，也就是指"通货紧缩"。

通货紧缩加剧会出现什么情况呢？那就是我们日本人已经有了很多切身体验的"失去的 30 年"。如果预期商品

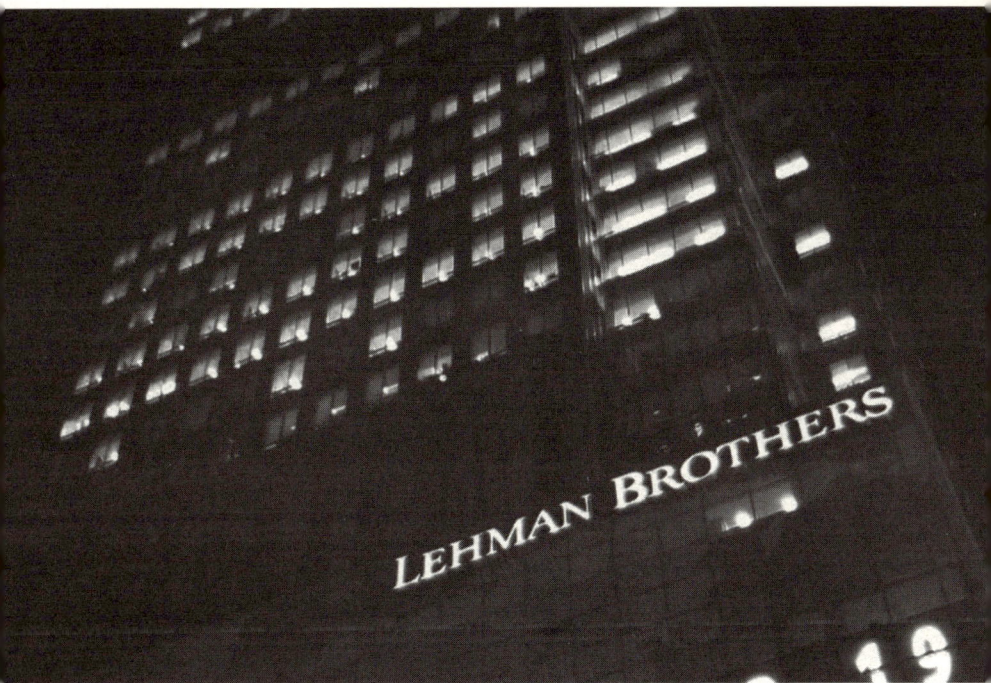

雷曼兄弟公司

的价格持续下跌，人们将会怎样做呢？如果现在不买东西而是把钱存在自家保险箱里的话，将来钱的价值上涨了，就能够买到比现在更多的东西。这样一来，人们就尽可能不再花钱了，人们反而不会买东西了。于是，社会经济便会陷入萧条。并且，如果人们不买东西的话，商品的价格就会进一步下跌，加剧通货紧缩，就更不会买东西了。这种通货紧缩的螺旋式推进的结局，就是导致卖不出去产品的企业接连破产、人们大量失业的恐慌。

恶性通货膨胀——钱的恐慌

我们可以继续思考，如果不动产市场陷入恐慌的话，不动产价格就会不断下跌。因此，所谓由钱引发的恐慌，就是钱的价值不断下跌。所谓钱的价值不断下跌，与刚才所讲的正好相反，即指物价上涨。因此，所谓钱的恐慌，正是物价不断上涨，也就是所谓的通货膨胀的结果。

通货膨胀不断加剧会发生什么事情呢？如果是日本老年人，相信已经在1973年石油危机时的卫生纸抢购风潮中体验过了。以石油价格的上涨为契机，卫生纸马上就买不到了这一传言不断扩散，人们为了购买卫生纸而排成长队，互相争抢。卫生纸买不到的传言只是诱因，还存在其他根本上的原因。

在发生通货膨胀时如果继续持有现金的话，其价值就会不断下跌。越是继续持有现金，物价就会越贵，能够买到的东西就越少。为此，人们都想尽快地把钱花掉。因为钱的用途只有一个，那就是买东西。如果人们都想买东西，物价就会进一步上涨，人们开始抱有今后物价还会上涨的预期。那就导致人们更加猛劲地花钱、物价进一步上涨的通货膨胀的螺旋式推进。如果这一螺旋开始以猛烈的速度旋转的话，很快就会演变成恶性通货膨胀。这样一来，就会变成谁都不想把钱当作钱来接受，最终钱就无法再作为钱来流通，只能倒退到很久以前的物物交换的经济状态。

恶性通货膨胀最有名的例子发生在第一次世界大战刚结束的德国。那时，物价水准膨胀到了正常状态的 1 万亿倍。就连此前过着稳定生活的中产阶级，也不得不依靠物物交换在异常艰苦的环境中挣扎。并且，有人认为，正是因为那个时候德国社会出现的极度不稳定，才导致了希特勒所领导的纳粹党之崛起。

我们也是投机者

我们大多数人通常都认为，那些活跃在纽约华尔街、伦敦金融城、东京兜町等金融市场的专业投机者，是一群贪得无厌的人。但是，当我们领取薪水时，或者是在便利店买方便面接到收银员找回的零钱时，这里面潜藏着与金融市场里的投机者同样的投机活动。并且，我们在经济开始变得紧缩就赶紧将钱存到保险柜的时候，结果就会变成连因追求涨价收益积极购入股票而引发泡沫的专业投机者都自觉逊色的投机者；当经济开始变得通胀就想着要尽快把钱花掉的时候，结果就与面对行情暴跌急忙抛售股票致使股市崩盘的专业投机者变得一样。并且，如果我们就这样实际上开始进行关于钱的投机活动，钱就不能再作为钱发挥作用，而在资本主义社会层面就会爆发恐慌或恶性通货膨胀这样的大危机。

所谓以货币为基础的资本主义社会，由于其货币本质上是最纯粹的投机对象，它就是不稳定的社会。

中央银行的诞生——自由放任主义固有的局限

英国的中央银行——英格兰银行（BOE）成立于1694年。在这之前，英国爆发了"光荣革命"。这次革命是一场作为资产阶级的商人成为各阶层的核心、国王詹姆斯二世被驱逐、从荷兰迎来信奉新教的奥兰治亲王威廉担任国王的资产阶级革命。当时的英国与法国在多个地方开展战争，急需大量军费。但是，王室并没有钱资助。为此，通过革命掌握了政权的资产阶级为了支持王室的财政，经过议会的承认，以股份公司的形式设立了英格兰银行。该银行的起点是作为股份公司的民间银行。

不过，该银行的起点虽然是民间银行，但从其资金实力来看绝对是英国最大的银行，而且还是英国王室的最大债权者。该银行在凭借其强大信用能力承兑其他银行票据的过程中，逐渐地将其发行的票据或者叫银行券取代金币来作为纸币流通，随即占据了英国金融体系的最高点。特别是19世纪以后，英国的资本主义进入了最为强盛的时期，但与之相应的是开始出现几乎是每隔10年就爆发一

次的经济危机。在每次出现经济危机时，英格兰银行都要
对因挤兑而陷入经营危机的银行进行紧急融资。在这一过
程中，英格兰银行逐渐地意识到自己所发挥的其实是提供
公共产品之作用。也就是说，它开始成为"银行的银行"
或者是作为"最后的贷款人"，在出现经济危机时暂缓考
虑自己的利益，而尽可能地对其他银行提供融资。不过，
其利息也比平常情况下高出很多。这是因为该银行开始注
意到，如果自己不这样做，就会导致英国资本主义甚至全
球资本主义陷入不稳定的状态。与此同时，平时为了减轻
经济波动带来的影响，该银行开始有意识地调整货币发行
量。这样一来，英格兰银行就顺理成章地逐渐"进化"成
出于稳定经济这一公共目的来决定金融政策的特殊银行，
即中央银行。

当然，实际上来看，英格兰银行获得这一地位绝对
不是一帆风顺的，它经常要面对来自不愿看到股价下跌的
股东的压力、银行的重要职位几乎都是由伦敦大资本家以
世袭的方式占据、有很多股东仅考虑如何让自己赚取最大
的利益、银行经常出现营私舞弊现象和违反法律违背公德
的事件。尽管如此，英格兰银行终于还是在历经各种曲
折、克服重重困难之后取得成功。一直面对资本主义经济
本质上所具有的不稳定性的一家民间银行，并非像其他民

间银行那样只追求自己的利益，而是有意识地实施以满足公共利益为目的的金融政策，如果不这样做的话，就无法保证整个资本主义经济的稳定性。英格兰银行正是在自己的亲身经历中学会这样做的，事实也迫使它必须学会这样做。这样一来，1946年英格兰银行便正式转为国有的中央银行。

英格兰银行的发展史，充分说明在资本主义经济中，自由放任主义思想从其根源来看就内含难以解决的矛盾。

比特币不可能成为资本主义国家的货币

在第一章的最后，即对比特币称霸之后的全球资本主义未来进行推测的时候，我提出了纯粹的自由放任资本主义究竟有没有实现的可能性这一问题。这一问题的答案，现在已经很清楚了，即那样的资本主义必然会走向灭亡。

为什么这样讲呢？这是因为比特币完全是分散化的虚拟货币。它避开了国家和中央银行乃至通常意义上的银行，就连货币的供给及假币的查对都是交由基于利润动机的自由竞争来设计的。不过，即使比特币成了唯一的货币，货币也终究是货币。那就会导致最为纯粹的投机，必然会引发从货币泡沫开始的恐慌和货币危机以及恶性通货膨胀。不过，在比特币称霸之后的资本主义社会，哪怕是一时性地抑制对自己利益的追求，但为整个社会的稳定付出行动的出于公共目的的机构一个都不会存在。因此，那样的资本主义社会由于在本质上所具有的不稳定性，必然会遭受灭亡的命运。

比特币虽然由于成了投机商品，从而丧失了成为货币的可能，但假设它真的成了货币，将比特币来作为货币使用的资本主义社会也必然会走向毁灭。上述的结论当然也就意味着存在于比特币诞生背后的哈耶克的"货币发行自由化论"是完全错误的。

我们都会说，货币是平等派，货币赋予了人们自由。不过，以货币为基础的资本主义社会从本质上来看就是不稳定的。如果对这一不稳定性放任不管的话，必然会使资本主义社会自身陷入危机之中。那么其结局就是民粹主义或者极权主义的形成。

因此，要想守住自由，就必须与自由放任主义思想诀别。

第 四 章

发现资本主义——亚里士多德和近代

古希腊埃皮道鲁斯遗迹中的剧场

城邦思想家亚里士多德

本章中，让我们有请在第二章已经提到的"万学之祖"亚里士多德再次出场。

所有的社会集体都以完成某种善业为目的，其中涵盖最广、以至善为目标的最高层次的社会集体，就是城邦。

这是在亚里士多德的名著《政治学》开头部分的一段话。在这里出现的城邦（Polis）这个词，指的是亚里士多德自己长期生活在其中的像雅典那样的城市国家。该词是现代英语中警察（police）和政治（politics）的词源。由此可见，亚里士多德是一位"城邦思想家"。人不能孤立而存在。他认为，人依据自然本性，所以才会被赋予在社会集体中生存的命运。他撰写并出版《政治学》这部著作的目的，就在于他要表明只有像雅典那样的城邦才是"最高层次的社会集体"。

在书中，亚里士多德将城邦分解为最小单位。不过，亚里士多德眼中的最小单位并非是指近现代意义上的个人，而是作为社会集体的家庭，即由夫妇、孩子和奴隶组成的家庭。因为那是古代的人们为了能够过上自给自足生活而组成的最小单位。

不过，人除了每天要生活之外还有其他事情要做。如为了做好婚丧嫁娶和保卫领土等事务，必须要有多个家庭集合在一起组成村落。当村落规模进一步扩大，就成为城邦。不过，亚里士多德进一步问自己，如果仅仅只想过上一种社会集体的生活的话，并不只是人，蜜蜂、蚂蚁、仙鹤等也是如此。那么，人与这些过着社会性生活的动物的区别到底在哪里呢？

这个问题的答案当然是"语言"。亚里士多德认为，人是由于拥有自然本性而被赋予了"语言"。的确，其他动物也会根据自己的快乐与否发出不同的声音，但那不是语言。不过，人由于拥有了语言，不但对于自身来说可以表达出何者为善，"在与他人的关系方面"也能够思考并表达出何者为善。并且，还能够与他人一起讨论怎样做才能将那个善实现，能够与他人一起和善生活。亚里士多德在《尼各马可伦理学》中，将这种"与他人的关系中存在的善"称为"正义"。并且，他认为，只有正义才是"傍晚的明星和拂晓的明星都没有这般美好"的至善。

不过，正义在村落和城邦里无法实现。村落的长老和城邦的君主非常容易采取独善其身的行为。为了防止这种情况的出现，国家制度不可或缺，因为可以根据这些制度制定公平的法律和开展公正的裁判。亚里士多德认为，城邦应该是有国家制度维护的。只有这样的城邦才是家庭、村落、王国和发展起来的社会集体的最终形态，才是实现"至善"的"最高层次的社会集体"。

亚里士多德给出这样的结论：人依据其自然（本性）来说是城邦型的动物。

写在《政治学》中的这句话在人文社会科学领域是最有名的话之一。这是因为，只有在城邦这一社会集体中生活的人们，才能够依靠自然所赋予的语言，最大限度地实现"与他人一起和善生活"这一目的。这句话被后人进一步理解为"人类天生是社会性动物"，或者说，"人是天然的政治动物"。

迈克尔·桑德尔的《公正：该如何做是好》出版后在全世界热销。很多人应该对此还记忆犹新。通过将桑德尔在哈佛大学的授课正式出版的这部著作，亚里士多德的思想被人们广泛接受。据此，桑德尔虽然成了"社会集体主义"这一思想潮流的提倡者之一，但所谓社会集体主义，一言以蔽之就是向人们发出了朝着作为"城邦思想家"的亚里士多德的方向回归的呼唤。桑德尔在这部书中主张，要想从现代社会的混乱中摆脱出来，人们要像古希腊城邦的市民那样，不断地讨论对于整个社会集体来说何者为善，并且能够对整个社会集体的命运深表关注，应该让政治朝着这一方向转换。

但是，亚里士多德如果仅仅是一位社会集体主义的首倡者，我也不会在此做更多的介绍，因为那样做就会将亚里士多德的伟大之处疏漏。我下面想要表达的是，所谓亚里士多德的真正伟大之处，其实就是通过比谁都更加深入地对城邦这一社会集体进行思考，而成了超越"城邦思想家"的思想家。

城邦离不开货币

那么，刚才所说的亚里士多德是超越了单纯的"城邦思想家"的思想家，这究竟是什么意思呢？

在英语中表达"经济"的"economy"的词源是希腊语的"Oikonomia"，它由"Oikos"和"nomos"两个词合成而来。其中，Oikos是"家庭"的意思；nomos从广义来说是"人为""法"的意思，但在此处应该从狭义来理解，当作与英语的"governance"相近的"统治""管理""治理"这一意思来使用。那么，将这两个词的意义组合起来，所谓的Oikonomia就是家庭统治也就是"家政"的意思。在19世纪之前，人们都是将两词混用的。但到了19世纪，在出现民族国家的同时产生了国民经济这一概念，Oikonomia的意思就变成为国民经济的统治，接着又摇身一变成了经济的意思。的确如此，所谓经济学，是从家政学开始起步的。

所谓家政，本来是指以实现社会集体的最小单位——家庭的自给自足为目的的活动。在家庭里，家长必须要考虑如何管理家人和奴隶，如果是城邦的话，领导人必须要考虑如何统治市民。在考虑这些问题时，必然要包括与获得生活所必需的物品相关的经济活动。

　　社会集体处于家庭这一层次的时候是以自给自足为原则的，通过畜牧、种植、狩猎、渔业以及掠夺来获取必需的物品。对于社会集体来说，不是同一个集体的外人与动物没什么两样。所以，掠夺外人的东西被视为再正常不过的事情。将其堂堂正正地包含在经济活动之中，现在看起来是很有意思的事情。而且，当社会集体处于村落和王国的层次的时候，其实已经开始了物物交换。家庭之间将各自剩余的产品互相交换。

　　亚里士多德认为，当社会集体发展到最高层次即城邦的时候，"就到了必然要设法使用货币之时"。

　　所谓城邦，并非单纯是为了生活，还是与他人和善生存的社会集体。医生、石匠、木匠、农民都居住在里面。为了让这些从事各种行业的市民都能井然有序地生活在同一城邦之中，就必须形成把大家提供的产品（或者是服务）互相公正交换的关系。

　　但是，这样的交换关系通过物物交换难以实现。为什么这样说呢？鞋匠想要置办一处房子的时候，要想通过物物交换满足这一需求，就必须要找到拥有一处闲置的房子

并且还想要几百双鞋子的人。亚里士多德将这种情况称为
"存在相互的需求"，在现代经济学中这被称为"需求的双
重一致性"。无论翻开哪部经济学教科书来看，在其最初
的部分，理应都写着"所谓物物交换是必须达到需求的双
重一致性的效率极低的交换方法"。大家都没想到吧，最
初提出这一结论式看法的人竟然是亚里士多德。当然，人
们所从事的职业种类越来越多，只要不是碰到什么偶然情
况，是不可能出现需求双重一致的。

因此，在城邦中，鞋匠、木匠、农民、医生等从事不
同职业的市民之间，为了把自己能够提供的东西和自己需
要的东西相交换并达到生存下去的目的，就必须绕过这种
需求的双重一致性。亚里士多德指出，正是为了达到这一
目的，货币出现了。

货币思想家

亚里士多德在《尼各马可伦理学》中指出，所谓货币，是指作为"包括所有情况下的需求"的代表，"把应该被交换的事物"当作"能够比较所有"的"媒介"。正在阅读的你不明白这些词语到底是什么意思也是很正常的。因为亚里士多德的大多数著作都是他的弟子们把听课笔记编辑起来而成的，因此《尼各马可伦理学》在很多地方的阐述也有不少不明确之处，看起来弟子们也是在不太明白的状态下就那么记下来了。实际上，围绕这句话至今已引发出各种各样的争论，当然，我们就不要介入其中了。在此，让我们把目光集中在同是《尼各马可伦理学》里的另外一句话上吧，那就是"如果有了货币，当出现了必须购买什么东西的时候，就能得到它"。这就表明，亚里士多德把货币思考成了用现代经济学所说的一般性的交换手段。也就是说，无论什么东西，只要用它来交换，人们就会拿给我们货币。

实际上，鞋匠即使想以他制作的鞋子作为交换，从盖房子的木匠那里得到房子，以物物交换的方式几乎是不可能的。但是，只要存在货币这一一般性的交换手段，鞋匠便可以首先把鞋子卖给想要得到鞋子的人，换到钱，卖出几百双后，鞋匠就可以攒到足够的钱，然后把那笔钱交给木匠，就能够名正言顺地得到一处房子。正是凭借货币这一媒介，鞋匠和木匠间接地就可以实现几百双鞋子与一处房子的交换。

亚里士多德指出，居住在城邦里的不同职业者要想实现在一起共同生活的目的，就必须要把他们能够提供的不同产品和服务互相交换。本来"将这些具有显著差异的东西实现通约"是完全"不可能"的事情，但那也是因为有了货币这一"媒介"才变为可能。这就是说，城邦要想作为社会集体维持下去，货币的使用是不可或缺的。

本来只是"城邦思想家"的亚里士多德，正是在他将关于城邦的思考向前推进的过程中，不知什么时候就成了世界上第一位"货币思想家"。也许并不仅限与此，亚里士多德正是在他将关于货币的思考向前推进的过程中，不只是关于货币，不知什么时候也变成了世界上第一位研究资本主义的思想家。

从作为"手段"的货币到作为"目的"的货币

　　从亚里士多德的角度来看，所谓城邦，是能够最大限度地实现与他人一起和善生活这一目的的最高层次的社会集体。与此同时，正如刚才所讲到的那样，他也指出了要想让城邦维持下去就离不开货币。但并不仅限于此，他还指出，货币的使用，同时还具有破坏作为"最高层次的社会集体"的城邦的"自给自足性"的力量。

　　当然，货币在刚开始出现的时候，仅仅是被作为交换的手段来使用的。城邦的市民将剩余的产品相交换得到货币，接着将货币再与其他物品相交换得到自己需要的东西。由此可见货币充其量不过是为了实现和善生活这一目的之手段。

　　但是，亚里士多德在书中又进一步展开他的论述。他认为，随着货币交换的不断扩大，"手段"和"目的"将开始出现逆转。所谓货币，本来是人们将其作为得到物品的手段而琢磨出来的，但不知是从什么时候开始，人们把储存货币本身的价值当作目的。通俗一点来讲，存钱变成了目的。人们不再是为了购买自己想要的东西而得到钱，得到钱的目的开始变成将用钱买到的东西再卖给别人从而得到更多的钱。如果用亚里士多德自己在《政治学》里阐述的非常重要的一句话来表达，那就是出现了"货币既是交换的出发点，也是终极目的"的经济活动。

亚里士多德将这种"货币既是交换的出发点，也是终极目的"的经济活动称为"商术"。

那么，究竟是什么原因导致"手段"和"目的"出现了逆转呢？大家当然会产生这样的疑问。但很遗憾，亚里士多德并没有给我们留下对这一疑问的回答。他给出的唯一提示就是在上一节已经引用过的《尼各马可伦理学》里的那句话："如果有了货币，假如在出现了必须要购买什么东西的时候，就能得到它。"就让我们以这句话为线索填补亚里士多德论述的缺口吧。

人因为肚子饿了而需要得到食物，因为裸体会感到寒冷而想得到衣服，因为要抵御风雨想要得到住处。不过，对于具体的物来说，人的欲望是有限的。例如苹果，如果一天吃上十个就不再想吃了；衣服，如果一天穿几十件就不想再换了；至于住处，如果有很多处的话就住不过来了。当然，由于社会上的虚荣风气，也有一些经常出入豪华的餐馆、华丽的服装多到房子里都装不下、在世界各地

拥有豪宅的人。但即使是这样，一个人有欲望的东西毕竟
也是有限的。

与此相反，就像我已经反复强调的那样，货币就其自
身来说，既不能作为食物来食用，也不能当衣服穿，更不
能住在里面。所谓货币，只不过是与什么东西都能交换的
"手段"而已。但是，正由于它是与"什么东西"都能交
换的手段，所以无论什么东西，在出现需要的时候，只要
有了货币就能得到。换言之，只要有了货币，就被赋予了
无论什么东西都能得到的可能性。

实际上，这里就暗藏有"手段"转化为"目的"的
契机。

为什么这样讲呢？这是因为，人能够令"欲望"的
"可能性"本身存在。人就是有无论什么东西都想得到的
欲望。那无非是无法还原为对于苹果、衣服、住处等具体
的物品的欲望而产生的新的欲望。并且，这是人才能有的
欲望。

也就是说，人将"所有物品都能得到的可能性"作为
"欲望"，而赋予"货币"。这无非就是亚里士多德所说的
"以货币本身为目的"。也就是说，作为所有东西都能得到
的"手段"的货币，从一个一个具体的东西中独立出来，
其本身转化成了一个"目的"。

无止境的欲望——发现资本主义

这里应该特别强调的是，人们对于"可能性"本身的欲望没有止境。对于某种具体物品的欲望，只要是满足了的话就不再有了。与此相反，对于"可能性"的欲望则根本无法满足。为什么这样讲呢？这是因为只要人具有想象力，人们就能够把"可能性"做无止境的想象。即使对于奢侈的大餐、华丽的服装、世界各地的豪宅已经感到厌倦，却能够对尚未经历的一些事物展开无限想象。甚至有时，人们对于这个世界上还不存在的事物，也能够展开想象。正因为如此，人们对于作为"可能性"本身的货币的欲望没有界限，没有止境。

由于货币出现，人才真正拥有了无止境的欲望。

不过，人们把自己拥有的东西交换出去当然是为了得到与它不同的东西。但是，在亚里士多德所说的"商术"之下，出发点和终极点都是货币。那么，人们为什么想要依靠货币再得到货币呢？那当然是因为虽然同样是货币，但人们想要让终极点的货币量大于出发点的货币量。也就是说，是为了增加货币的数量。

并非仅限于此。处在终极点上的货币将以那里作为新的出发点，最终以更多的货币量为终极目的。为什么这样讲呢？那是因为人们对于货币本身的欲望没有止境。即使得到了 100 万日元，还想得到 1000 万日元；即使得到了 1000 万日元，又想得到 1 亿日元。终点反而成了新的出发点，新的终点又成了更新的出发点，这一过程根本没有止境。也就是说，在这里开始了永久持续追求更多货币量的"货币无限增值"。

追求"货币无限增值"的经济活动，那不用说就是资本主义。因此所谓的亚里士多德命名为"商术"的经济活动，实际上就是真正的"资本主义"。

我们可以说，是亚里士多德发现了资本主义，即将追求货币本身无限增值作为经济活动的资本主义。只要是稍微学过一些马克思经济学的人，理应都会发现，马克思在《资本论》中命名为"资本的一般公式"（资本的总公式）的"G—W—G'"这一公式，承袭了亚里士多德比他提前 2200 多年就已经提出的关于"商术"的阐述。

近代的无止境和古代的无止境

所谓的无止境，在近代是具有绝对的正面价值的词语。无论是启蒙主义者还是马克思主义者，都相信人类会无止境地进步。

例如，德国近代最具有代表性的作家歌德在其歌剧《浮士德》中所描述的浮士德博士，是作为真正的近代精神的体现者而出场的。他对于宇宙的所有知识和存在于世界上的所有快乐，能无止境地持续追求。正当他因人类的有限性妨碍其追求而感到绝望时，恶魔墨菲斯托菲利斯突然出现在他的眼前。墨菲斯托菲利斯引诱浮士德说：如果听从于我，我将帮你追求到超出人类极限的所有知识和所有快乐。禁不住诱惑的浮士德与墨菲斯托菲利斯签署了契约。那份契约的内容是，假如自己朝着某个"瞬间"喊出"停！你真是太美了！"时，就把自己的灵魂交给恶魔。所谓的那个"瞬间"，无非就是近代精神已经满足于有限性、对无止境的追求感到厌烦的瞬间。对于近代精神的体现者浮士德来说，失去对于无止境的欲望与坠入地狱没什么两样。

这个"无止境"一词，未必具有正面的价值，但它意味着"近代"——城邦近代的"终结"。

与此相反，在古希腊语中表达"无止境"的"apeiron"这一词，是具有不完整、未完成、无秩序等负面价值的词汇。进一步来说就是"恶"的意思。亚里士多德自己也在其著作《自然学》中指出，"所谓无止境是一种缺陷，即不完整，缺少边界之意"。

为什么无止境是恶呢？本章是从亚里士多德说过的一句话即"所有的社会集体都以某种善为目的"开始的。同时，亚里士多德也认为，不仅是社会集体，所有的事物都是以某种"善"为目的的存在。这样一来，只要实现了"善"这一目的，就没有必要再有其他什么需求。所以，我们可以换一种说法，即所谓"善"，其本身就是"自给自足"的状态。也就是说，"善＝自给自足性"。反过来，其本身不是自给自足，就成为"不善"或者"恶"。当然，将"无止境"当作目的就意味着绝对没有达到"自给自足"的状态，实在是不完整的东西、未完成的东西、无秩序的东西，也就是说，是究极意义上的"恶"。

关于城邦存续的可能性 = 城邦瓦解的可能性的 "悖论"

"城邦思想家"亚里士多德将自己在城邦内部发现的商术，即资本主义定义为追求无止境这一"恶"的活动。在城邦里，医生的本职工作就是治好别人的病；军人就是打胜仗。但是，一旦出现了商术即资本主义，就连那些医生和军人，也将应该为城邦尽的职责，作为增加货币这一绝对无法满足的目的的手段。人们开始变得"不再是和善生存，只热衷于活着"。亚里士多德对此表示叹息。所谓商术即资本主义，等于是从城邦中夺走了"自给自足性"，继而拥有了从内部解体的力量。而城邦的本质本该是能够最大限度地实现与他人一起和善生活这一目的的"最高层次的社会集体"。

但是，亚里士多德为资本主义定罪这件事本身在这里并不重要，因为这样的定罪并非仅限于亚里士多德。以刚才提到的迈克尔·桑德尔为首，还有大量从社会集体的立场出发来观察世界的人们，都从来没有停止过对资本主义的批判。

在这里最具意义的是，正是因为"城邦思想家"亚里士多德对城邦这一社会集体的理想状态展开了最为深入的思考，尽管他对资本主义有本能的厌恶，却成了最为卓越的"资本主义思想家"。

并且，他还发现了城邦和资本主义两种理应是完全对立的体系之间必然存在的"悖论式"的依存关系，即货币这一媒介对于维持城邦这一最高层次的社会集体是不可或缺的。但是，这种货币必然会产生追求无止境增值的资本主义，从内部将城邦本身的自给自足性摧毁。产生城邦存续可能性的货币本身又产生了将城邦本身摧毁的可能性。这一根本性悖论绝对没有逃过亚里士多德敏锐的目光。

我认为，这一"悖论"可以说是人类历史上最伟大的发现之一。

古希腊就是"近代"

我每次阅读亚里士多德的《政治学》和《尼各马可伦理学》时，都会有个疑问萦绕在我的头脑中。那就是这位被称为"万学之祖"的人，为什么出生在距今 2400 多年前仍能对今天的资本主义有如此深刻的洞察呢？

回答这一疑问的是英国古典学者理查德·希弗德。那是在 2009 年，我被邀请参加在柏林自由大学举办的"货币研习会"。它虽然是参加人数仅为 15 人的小规模研讨会，却包括了社会学家、经济学家、政治学家、哲学家、考古学家、古典学家，甚至不知道什么原因还有一位物理学家，真正称得上是一场"跨学科"的国际研讨会。我在会议上发表了匆忙写完的一篇论文:《自由放任主义的第二次终结——货币的自我循环论证和资本主义的必然不稳定性》。那次，希弗德也受邀参加了这次会议，发表了题目为《依靠希腊发现的货币》的论文。

希弗德是研究古希腊文学、思想和宗教的大家。据他自己所言，他对古埃及和古代美索不达米亚的文明也进行过研究，但是对于生活在现代的人们来说，只会感到这些古代文明是与自己格格不入的"外来者"。但古希腊文明则不同。对客观支配宇宙的普遍法则展开思考的哲学，市民拥有同等投票权的民主制度，描写丧失了社会集体规范的人们所犯的恶行和愚行的悲剧和喜剧，公元前6世纪到公元前4世纪在古希腊诞生的哲学、民主制度以及文艺，几乎都让人感到它们是"我们自己"的哲学、民主制度和文艺。他说自己一直在思考那究竟是为什么。他最终得出的结论是，"那是因为公元前6世纪的希腊城邦是历史上最早被完全货币化了的社会"。希弗德得出的这一结论所具有的重大意义，远远超出了他自己的想象。

如果在此次会议的10年前听到这一结论的话，我想我会感到很吃惊。在那之前我对古希腊经济所拥有的印象还是经济人类学家卡尔·波兰尼的《大转型》和《人类的经济》，以及曾是他学生的古典学家 M. I. 芬利的《古代经济》所描写的那样。那是作为国家主导的中央集权的再分配体系的古希腊经济。当然，波兰尼和芬利都没有否认希腊城邦时代就已存在市场和货币的事实。但是，他们两位都主张希腊的市场和货币都没有超出再分配体系的附属物的领域，市场经济的真正成立必须要等到18世纪末英国的产业革命。

但是，随后的关于古希腊的考古学和古钱币学的研究的迅猛发展，大大动摇了上述印象。当然，古希腊仍处于奴隶社会，生产技术还很原始，并且仍然残留着浓厚的以社会集体生活为中心的时代印记，所以，将当时的市场经济与现代的资本主义经济等同看待是非常愚蠢的。但是，保守估计，公元前 6 世纪，在希腊的城邦内就已经广泛流通钱币（铸币或硬币），在已经相当发达的市场中作为一般等价物来使用，对于这一点，如今已经没有任何怀疑的余地。

货币和哲学

那么，为什么货币的流通使得公元前 6 世纪的希腊城邦中产生了直接通达"近代"的哲学、民主制度以及文艺呢？

一言以蔽之，那正是因为货币成了"一般等价物"。具体来说，那是因为通过货币这一媒介，各自具有各种各样性质的这个世界上的所有事物，都被还原为一个抽象的价值。[2]

在希腊神话中，整个宇宙都是由诸神之王宙斯来统治的。希腊神话的传承据说可以追溯到公元前 15 世纪，但它给人的启示是，在货币渗透于日常生活以前的具有社会集体性质的社会，人们对于整个宇宙的秩序是通过将人类社会的形态投影来理解的。

与此相反，在公元前 6 世纪上半期，爱奥尼亚地区（现为土耳其境内的安纳托利亚半岛的西南部）的都市国家米利都最先摈弃了以希腊神话为依托的世界观，继而产生了将整个宇宙作为人们依据客观规律普遍遵守的合理秩序来理解的思考方法。这就是泰勒斯、阿那克西曼德、阿那克西美尼、赫拉克利特等所提倡的自然哲学。他们被亚里士多德称为"最初创建了哲学的人们"，后人根据他们的出生地将他们总称为爱奥尼亚学派（米利都学派）。特别重要的是，正是因为这一学派，才产生了与近代科学一脉相承的宇宙观。具体来说，他们认为在人的日常感觉中看似五花八门、形形色色的具体事物的背后，存在着将所有事物统一起来的抽象的普遍性。将这一宇宙观最有说服力地表达出来的就是柏拉图的"理念"论。不过，柏拉图理论的出现是爱奥尼亚学派出现之后又过了近3个世纪的事情了。

也许无须在此赘述。看似形形色色的具体事物与将它们全部统一起来的抽象理念之关系，具有多种多样性质的具体产品和服务与将它们的价值全部统一起来表现的货币之关系，都可以准确地一一对应。例如，赫拉克利特的"万物皆流转"（人不能两次踏进同一条河流）这句名言已广为人知。但比这句话还重要的是，他在不断流转的万物的背后发现了有一个不变化的东西，那就是"逻各斯"（logos）。并且，赫拉克利特认为，所谓logos换一种说法就是永远不会消失的火，在此基础上，他指出，"万物都是火的交换物，火是万物的交换物。恰如物品是黄金的交换物，黄金是物品的交换物"。当然，这里说的黄金就是货币。正是货币被用来比喻将不断流转的所有万物统一起来的抽象普遍性。

在此之前，人们将哲学在希腊的起源归结为字母表之使用，或者归结为在公共广场展开自由辩论的传统。但是，希弗德指出，字母表既不是在希腊被发明出来的，更不是在希腊普及起来的。并且，公元前 6 世纪，米利都作为由最早的哲学家们所形成的爱奥尼亚学派的活动区域，因其推行残酷的专制统治而被人们所熟知，从自然哲学诞生之日起又过了近一个世纪，雅典才开始推行民主政治。

希弗德认为，比上述内容还重要的是，公元前 6 世纪上半叶的爱奥尼亚是古希腊货币化程度最高的地方。并且，米利都正是其商业活动的中心。由于那个地方的人们每天通过将多种多样的产品和服务与作为抽象的价值的货币在市场里相交换，就相当于每天都将柏拉图的理念论用于实践之中。正是从那种实践之中诞生了与近代一脉相承的哲学。

所谓没有货币的社会

没有货币的社会究竟是什么样的社会呢？关于这个问题，如果大家读一读文化人类学的创始人马塞尔·莫斯撰写的《赠予论》，就会很清楚了。莫斯把货币出现以前的社会关系描写为由赠送的礼品及回赠的礼品所构成的互酬性赠予交换体系。

莫斯举例指出，新西兰的原住民毛利人相信，在被赠送的物品中拥有将忘记回礼的人杀死的魔力。人们把物品赠送给别人，接受方就被赋予了必须回礼的义务。结果，在来自一方的赠品和来自另一方的回礼之间，就形成了没完没了的反复互酬的关系。莫斯认为，所谓古代的社会集体，可以作为通过这种互酬的赠予交换所形成的社会关系的总体来理解。

反过来说，如果在赠送他人之后没有收到回礼，或者是没接受赠品，或者是拒绝给别人赠送礼品，那就等于视对方为敌人。那就会导致复仇引发复仇的永续战争状态。所谓货币出现以前的社会，正是这样严格区分"圈内"和

"圈外"：圈内的人们之间通过不断的赠品交换来持续地确认互相之间的紧密关系；与此相反，圈外的人都是敌人，无法结成交换关系。这样的社会虽然非常稳定，却是难以从圈内的人际关系中摆脱出来的没有自由的社会。

货币和民主制、货币和悲剧

　　公元前 6 世纪中叶，古希腊开始制造钱币。随后，希腊的城邦迅速货币化。这远远走在被视为雅典民主制起源的 500 人评议会的前面。正如马克思所说的那样，货币是平等派。其流通使个人从通过互酬紧密结成的社会集体的束缚中解脱出来，获得了自由，促进了民主制的发展，每一个人都可以作为一个独立的市民在议会投票。可以说正是由于人们有了在钱的面前的平等才产生了在法律面前的平等。

　　在货币普及的经济状态之下，个人只要有了货币就不再需要社会集体的纽带，但与此同时，这也将个人从诸神、亲族那里割裂开来，变成了孤独的存在。正是将焦点对准了那种个人的彻底"孤独"，才产生了希腊悲剧。正是因为这样，生活在同样"孤独"之中的"近代人"也才能对古希腊的三大悲剧诗人即埃斯库罗斯、索福克勒斯、欧里庇得斯的作品有着全面的感情投入和理解。实际上，即使是在今天，他们的作品及其改编作品仍在全世界不断

远眺雅典卫城

上演。

　　将那种个人的孤独以最极端的方式发泄出来的实际上应当是僭主。僭主用希腊语表达就是"tiranos"，它成为包括暴龙（tyrannosaurus）在内的多个单词之词源。所谓僭主，是指在古希腊由贵族制向民主制的过渡时期，不是依靠亲族，而是依靠自己的实力非法掌握了权力的个人。他们摒弃社会集体的规范，借助蕴含着无限可能的货币的

125

力量，开始无止境地追求权力本身。并且，在这一"孤独"地追求的过程中，他们杀害自己的亲族，伤害自己所爱的人，甚至冒渎诸神，最终自取灭亡。

据说吟游诗人荷马的叙事诗《伊利亚特》和《奥德赛》出现在公元前9世纪前后，但是诗的内容反映了互酬的赠品交换占支配地位的当时的社会结构。希弗德指出，诗中出现了为数众多的英雄们。如果接受了什么赠品或款待，为了捍卫自己的亲族或王国的名誉，他们无论克服多大的困难、经受多大的苦难都要为对方返还相应礼物，哪怕接受那个赠品或那次款待已经是几代以前的事情。同样，他们即使因此而受辱战死，也要让自己的后人为了雪耻而战斗到底。但是，"英雄"这一词，到了公元前5世纪，就从希腊悲剧中消失了，取而代之的是"僭主"这一词，它出现的次数甚至超过了100次。

再次聚焦亚里士多德

公元前 6 世纪以后的古希腊社会已经能够称为近代社会了。之所以说其已经具有近代性，是因为古希腊社会已经完全是货币化了的社会。这就是希弗德给出的命题。

实际上，我对货币进行了长期思考后，也在近代性的根源中发现了货币。不过，作为经济学家的我即使提出那样的主张，也属于一种自私自利的行为，谁都不会把它当回事。但是，经济学中不应该有什么利害关系，在多数情况下学术上的观点多有对立的希腊古典的权威，对于我的研究成果给予了这样的断定，这是基于自己的文献研究和历史研究的成果，除此之外的解释理应不会出现。我切身感受到我的研究成果在柏林的小型会议上得到了大家的认可。

亚里士多德正是由于出生在最早的"近代社会"，才成为最早对于货币和资本进行深入思考的思想家。并且，他的思考甚至可以说是对于货币，进而对于资本主义的最为根源性的思考。

　　但是，亚里士多德明确得出的围绕货币的悖论——促使城邦得以存续的货币本身创造了促使城邦瓦解的可能性——在后来的历史发展过程中不知道是在什么时候被人们忘记了。

全球资本主义和亚里士多德

资本主义从货币中产生，所谓货币是指一般等价物。它将这个世界的所有产品和服务换算为一个价值——货币价值（美元、欧元、日元等不同的货币单位的区别可以利用汇率同一化）。而追求货币的无止境增殖之经济活动无非就是资本主义。因此，它追求利润。并且，其行为原理简单明快。

将卖给别人的所有产品和服务的价值相加就能够计算出收入；将从别人那里买来的所有产品和服务的价值相加就计算出了费用。由于利润就是"收入-费用"，所以，只要相减就可以了。如果相减之后的结果为正数，继续把钱投入到那项活动中即可；如果相减之后得到的结果为负数，将钱从那项活动中撤出来即可。如果是正数，就干下去（GO）；如果是负数，就撤出来（PULL）。

所谓资本主义，正是这样一种仅靠相加和相减来运行的体系。

相加和相减当然就是最简单的算术的原理。我们人类无论是在什么文化背景下长大，加法和减法按理来说都会。这样一来，仅仅是将这种加减法作为行为原理的资本主义，对于人类来说正是具有"普遍性"的体系。所以，资本主义必然走向全球化。并且，正如大家已经看到的那样，实际上我们已经完成了全球化。

实际上，在亚里士多德发现了在古希腊的城邦内部存在的商术的时代，即资本主义出现前的那非常久远的过去，资本主义就已经存在。例如，大家所知道的，古代美索不达米亚的商人从距今 6000 年以前的时候，就已经组成了大型船队往来穿梭于幼发拉底河，或者组成小型的商队骑着骆驼来往穿梭于沙漠地带，广泛开展着水晶、黑曜石、沥青等各种各样产品的贸易。他们穿梭于地理上相互远离的两个市场之间，将在一个市场买到的便宜的东西高价卖到另一个市场，从中赚取利润，开展着这种以商业为中心的资本主义实践。并且，商人的这种活动，从遥远的古代到近代，将分散在地球上的大小远近的各种各样的市场，尽管历经曲折但最终还是互相连接在一起。不过，在商业资本主义的条件下，那种连接说到底还只是在一个维度之上的。如果朝着点和线之外跨出一步，没有市场化的地区仍然非常广阔。

18 世纪末在英国出现的工业资本主义在 19 世纪到 20

世纪扩展到了西欧、北美以及日本。那是在近代化大工厂里大量生产出来的工业产品廉价销售之场所，在各自的国家的内部形成了所谓的国内市场。据此，此前仅仅是分散在地球上的市场也在其表面又开始覆盖第二个维度。不过，工业资本主义本身，被谋求经济自立的国家特别是后发的国家利用各种各样的方法保护起来，其目的就是免受来自外国的竞争。在近代的工业资本主义条件之下，市场虽然说得到了两个维度的拓展，但是市场所支配的领域依然是局部性的，并且每个国家又被做了不同的区分。

20世纪的最后1/4个世纪，在发达资本主义国家里，工业资本主义出现了向后工业资本主义的重大转变，同时又将整个资本主义更进一步地推向全球化。

滞留在农村社会集体中的过剩劳动力人口逐渐枯竭，且国内低工资的劳动力已经无法保证供应，发达资本主义国家的工业资本便开始积极地向工资低廉的发展中国家和新兴工业化国家转移。同时，已经感到国内市场狭小的发达资本主义国家的工业资本，向关税与贸易总协定（GATT）及取而代之的世界贸易组织（WTO）施加压力，关税率被大幅下调，积极地超越国家的国境开展销售活动。在后工业化的潮流中，以金融为中心的商业资本，为了追求根本无法与古老且美好时代的隔地交易相比的微小的价差以及利差而积极地进行资本转移。

根据上述三点原因，在两个维度上扩展的市场就好像变成了覆盖全球的网，全球资本主义就此完成。

并且，在这种全球资本主义的条件下，此前与资本主义相抵触的具有社会集体性质的习惯和规范、社会上的合作意识、依靠国家和中央银行所进行的规制和干预等，这些"外部"的制度约束迅速弱化。纯粹的"自由放任主义的资本主义"出现在地球之上。

其结果，就是以反复爆发的金融危机、日益拉大的收入差距、迅猛推进的地球变暖等为表现形式，资本主义本身所具有的不稳定性、不平等性和不可逆性都日益显露。

21世纪的第一个10年，在失去外部制度约束的全球资本主义之中，等待我们的就是希腊悲剧所描述的僭主那样的命运。

在这一重大危机之中，我们在亚里士多德所发现的围绕货币的悖论——促使城邦得以存续的货币自身创造了瓦解城邦本身的可能性的基础上，又发现了新的悖论，那就是促使资本主义得以存续的货币本身创造了瓦解资本主义本身的可能性。

要想正视这一悖论，我们有必要对亚里士多德所说的"在与他者的关系中存在的善"重新进行深入思考。并且，

岩井克人

为了达到这一目的，德国的哲学家伊曼努尔·康德的伦理学会给我们提供重要的帮助。为什么这样讲呢？这是因为能够与资本主义的普遍性相抗衡的具有普遍性的对抗原理只有一条，那就是"只按照将其他所有人同时采纳的事情当作自己也期望实现的事情这一行为原理开始行动吧"，这一原理被称为康德的道德律。那就是只能够以普遍化作为条件的纯粹的、普遍的行为原理。并且，就只要得到互相的同意就允许各人追求自己的利益这一意义来说，这一行为原理与资本主义并不矛盾。而且，在禁止单方面榨取别人这一意义上，它也是能够遏止环境破坏、收入差距拉大、金融投机等资本主义狂乱现象的原理。

关于康德，关于伦理，关于能够让人们的行为符合伦理的名句，在《欲望资本主义 3：超越虚伪的个人主义》中，已经部分地涉及了。不过，关于这些问题，要想继续展开论述，还必须要做相当程度的准备工作才能进行。而且，本书已经远远超过预定的篇幅。至少是关于货币和欲望，我想已经在某种程度上大致讲清楚了，所以本书就在这里结束吧。关于康德，关于伦理，关于名句，在我稍微做些准备工作之后，再利用其他的机会为大家讲解。

最后，我以约翰·梅纳德·凯恩斯写在《自由放任主义的终结》（1926 年）这篇随笔中的一段话来结束本次的讲解："学习思想史才是为了解放人的精神所必须要做的准备工作。只知道现在和只知道过去——到底是哪一个能够把人保护的更好，我不知道。"

注　释

[1] 实际上，这一事实已否定了 MMT（现代货币理论）的主张。MMT 的主张是货币的价值是由政府强制国民利用货币纳税而得以保证的（L. 兰德尔·雷著《MMT 现代货币理论入门》）。但是，那仅保证了对与纳税额等量的货币的需求，超过这一数量的货币则无法保证其作为货币来流通。人们从政府那里得到的圆形的金属薄片以及长方形的纸片，直到纳税之时就理应能够用来办完此后的人生大事了。当然，有政府这个庞大的需求者存在，理应会大大提高那些金属薄片和纸片作为货币在人们之间流通的可能性。这与古代的当权者、圣职人员以及富豪对于金银有着巨大需求，且其需求成为金银作为货币来流通的原因之一，从逻辑上来看并无两样。

令人遗憾的是，所谓 MMT，与这一名称相反，它是基于对货币的根本性误解而提出的理论。的确，如 MMT 所主张的那样，在资产负债表上，所有的金融资产——现金、银行存款、股票、金融衍生产品、公司债券、国债——必然与另一方的金融负债相等。例如，公司债券和国债对于家庭来说是资产，但对于发行它们的公司及政府来说则是负有偿还义务的负债。并且，人们将公司债券和国债作为有价值的资产来持有，是因为公司以及政府做出了未来会将其金额连同利息予以偿还的承诺（因此，所谓公司债券和国债的资产价值，如果使用稍微带有专业性的词语，是作为将来要偿还的连本带息的现在价值来计算的。在预测其资本收益时其现值还会增加）。但是，货币（纸币、硬币及存款）则与此不同。当然，中央银行发行的纸币，对于其持有人来说是有价值的资产。不过，作为其发行者的中央银行以及其背后的政府并不负有对纸币的持有者支付利息的义务。并且，只要是不兑现纸币，对于其持有者就不负有任何偿还的义务。假如有谁拿着1万日元纸币到日本银行要求偿还，一定会吃闭门羹。或者，银行顶多会给他换张新的1万日元纸币。不负有偿还义务的负债并非负债。中央银行发行的纸币，即使在资产负债表上被计入负债项目里，但实际上并不发挥作为负债的职能。也就是说，中央银行所发行的纸币，其将来要偿还义务金额的现在价值为零。并且，政府发行的硬币也是如此。即使是存款，对于超过存款准备金额度的部分，几乎也是一样，在此不再解释。实际上，上述内容在《威尼斯商人的资本论》中所收录的《初次赠予和市场交换》这一随笔中就已经有所论述，现在想起来这已是35年前的事情。

那么，为什么人们还非常高兴地将既不产生利息又不偿还本金的纸币和硬币作为具有货币价值的金融资产来持有呢？这一章的最大目的正是对这一提问给出回答。

如果做进一步的补充，政府作为赤字财政来支出的那部分可以通过中央银行的货币供给自动融资，没有必要再为其寻求财源。这一 MMT 的主张的确是以往的金融理论和宏观经济学没有阐述过的新见解。并且，这一主张如果援引上面我本人的论述，就意味着具有偿还义务的国债在任何时候都可以被置换为不具有偿还义务的货币，所以，这就等于是对新古典经济学派的主张进行了强有力的批判，该学派将作为赤字财政来支出的那部分和国债余额本身视为恶。中央银行和政府即使没有必要将自己发行的货币视为负债，也并不意味着就可以无限制地发行货币。如果过度发行货币，就会刺激对于财产和服务的有效需求。如果这些有效需求被刺激到超过充分就业的水准时，通货膨胀就开始出现，如果令这一局面放任下去，就会爆发恶性通货膨胀。在这里非常重要的一点就是 MMT 认定将名义利率维持在一定水准上是中央银行应该发挥的作用。但是，正如我将要在第三章所论述的那样，所谓恶性通货膨胀是指预期通货膨胀率以自我实现的形式迅猛上升的状况。但是，有效需求的多少，基本上不是由名义利率而是由从名义利率中减去预期通货膨胀率之后的实际利率的高低所左右（是实际利率的减函数）的。因此，在预期通货膨胀率不断上涨之时，如果名义利率维持不变，实际利率将不断下降，有效需求将不断增大，将进一步加重通货膨胀。维持名义利率的政策具有加剧恶性通货膨胀的不稳定性。MMT 在这种情况下也许会说通过增税就能够解决，但是，增税是不受选民欢迎的政策，其政策的实施也要花费相当长的时间。在该政策发挥作用的时候，很可能已经错过时机了。不幸的是，将凯恩斯作为他们的理论先行者来敬仰的 MMT，却完全无视凯恩斯经济学的重大前提，即资本主义从本质上来说具有不稳定性，那是由于资本主义以货币为基础所必然导致的结果。本书第三章的主要论题正是关于这一资本主义的本质上的不稳定性。

〔2〕我的解释与希弗德的看法有所不同。古希腊最初并

没有掌握将金银分离之技术，因此才会将一种天然的金银合金当作硬币来使用，每一枚硬币中含有的金银的比例彼此不同。尽管如此，希弗德将所有的硬币都以相同的价值流通解释为货币的象征职能。不过，硬币的发明，产生了作为具体的物品的货币与作为货币的抽象的价值的区别，希弗德的这一解释并不正确。正如本书第一章所指出的那样，货币不管以未加工的金属块的形式来流通，还是以硬币的形式来流通，只要是作为货币来流通，作为货币的价值都必然要超过作为具体的物品的价值。当然，由于硬币的发明，货币的流通量迅猛增大。但是，这只不过是因为它变得难以伪造、容易鉴定了。

后　记

货币、欲望、资本主义的悖论

"逃犯"推动资本主义

"日光之下，并无新事。"

这是在本书中引用的名句。在《圣经·旧约》中所记载的这句话意思是，虽然我们有很多新发现、新发明等，但这个世界上的所有东西都不是新的，只不过是此前已经存在的东西改变一下形式又出现了而已。并且这句话还表明，那个东西不外乎曾经有过今后还会变换形状再次出现。这种深刻的历史认识和敏锐的理论洞察成为岩井先生的货币论、资本主义论的基石。

被称为虚拟货币或者是密码资产、集21世纪的技术精华于一身的比特币的狂涨和暴跌，也许都可以被视为公元前6世纪古希腊时代德拉克马硬币流通以来的欲望历史中反复上演的悲喜剧之一。并且，在这一漫长的历史中，人们总是对"货币商品说"及"货币国定说"抱有某种错觉，且一直走到了今天。紧紧地握在人们手中的是银币、贝壳、股票、手机……即使看上去并不相同，但在它们之中并没有新的东西产生，即本质上并没有发生改变。

"货币是其他的什么人通过交换来接受的，仅借于此就足以成为货币"，所以"所谓货币，因为它是货币所以它才是货币"。想要透过现象看清本质的岩井先生得出了只有在自我循环论证中才能发现的这一货币的定义。他入木三分地剖析了这一带有悖论的欲望的象征——货币。他从对于维持依靠这一悖论来运转的资本主义拥有天才般创意的"逃犯"约翰·劳的故事讲起。岩井先生充满深情地回顾了劳所走过的波澜壮阔的人生道路，讲述了他从伦敦到巴黎，最后在威尼斯结束了生命的这一连串好莱坞大片都自愧弗如的人生轨迹。并且，岩井先生自己虽然一边称呼劳为"逃犯"，一边对他表示了某种程度的共鸣：实际上像约翰·劳这样的人，给人一种既充满两义性（ambiguity），又软硬不吃的地痞无赖的感觉。在劳的身上就生动地体现了资本主义所具有的本质。

古代神话和民间传说将擅长运用欺诈手段、经常恶搞的无赖称为"骗子"。在他们的身上具有鲜明的两义性特征：有时被视为搅乱秩序的地痞无赖，有时又会被人们当作鼓动民众的英雄看待。这些表述完全适合约翰·劳本人，可以将他看作往来于各个国家之间的类似小丑、骗子一般的人物，但这类人物却成为思考货币、欲望、资本主义的关键所在。

"洛克的诅咒"将会扼杀虚拟货币？

实际上还有另外一人对曾是一个时代的骗子的约翰·劳之构想给予了高度评价。那就是每天都在伦敦与世界各地的金融市场参与者拼杀的基金经理人兼证券分析师菲利克斯·马汀。他在所撰写的著作《货币野史》中，在与岩井先生同样的语境下谈到了约翰·劳的先见之明。马汀在日本放送协会（NHK）最近播放的节目中，在解析虚拟货币的现状时，意味深长地表达了他的见解。他认为，那是"洛克的诅咒"。"究竟为什么虚拟货币如此受欢迎？我想这就是朝着洛克的货币观的回归，而这一回归无疑具有莫大的讽刺意义。"

以平实稳重的语调娓娓道来的马汀提到了我们通过"社会契约说"而知晓的 17 世纪英国政治思想家约翰·洛克的名字。每个人都理所当然地拥有保护生命、自由、财产的权利，国家就是为了缔结保障上述权利的契约而出现的。持有这一哲学思想的洛克认为，国家对于货币也应该制定基于契约的规则。马汀指出，洛克的思考达到了引人深思的程度。

"所谓洛克的货币观，是指货币体系应该遵从严密且简单的规则。因此，无论是日元还是英镑，货币的发行量应以存在中央银行金库里的黄金数量为准。在这一点上不应该有灵活性。这就是洛克的主张。"

存在中央银行里的黄金的价值量应该等于社会上的货币的价值量，持有这一观点的洛克认为由中央银行的政策决定者来管理货币的价值和流通量是错误的。黄金比人更值得信赖，如果乱管一气的话，洛克的观点就成了判断的基准。

马汀带有幽默感地继续指出："当然人们仅仅责难洛克一人是不公正的……"

"洛克的货币观正在不知不觉地影响着我们。他所从事的研究活动利用的是人人都拥有的本能。所谓的那个本能，就是人们非常容易犯这样的错误，那就是认为所谓'货币'并非人们之间的约定而是物理上的物品。"

尽管货币的本质并非物品而是约定，但人们总是在无意识的过程中将手里能够拿到的物品作为它的保证。如果不那样做的话，就无法实际感受到货币。经过深入思考并得出了"社会契约说"的洛克，说起来是将市场上"契约"的依据归结到黄金这一物品。洛克所提出的观点也给现代的虚拟货币开创者们提出了好像诅咒般的暗示，这是由于他们也许是在无意识的过程中确定了虚拟货币的发行总量。他们的这种对于货币的本质的误解真的让人感到不可思议。现在，我在这短短的一段话中就两次使用了"无意识"的这一表达。也就是说，在这里应该注意的是，在哪里寻求"依据"也许是我们人类潜在的应该称之为"性"的东西。这样一来，马汀也在拥有与岩井先生的自我循环论证相同的货币观的基础上，提出了虚拟货币自己将其作为普遍使用的货币来流通的可能性抹杀了的主张。

倾注在货币上面的目光、在那里出现的误解、某种错觉……这些都清楚地表明，正是因为有了货币这一奇妙的存在，约翰·劳、岩井先生、马汀以及各种各样的人的思考串联在一起，其中出现了"社会契约说"的近代政治思想家的设想，虽然在形式上发生了改变，但如今依然束缚着人们的思想。并且，产生了那种"错觉"的人们内心的感觉，也许能够用这样的说法来表达，那就是对于没有依据的事情的难以承受的不安，以及仍然想要到什么地方寻求依据的这一欲望。即使是在虚拟货币、非现金化以及信

约翰·洛克

用经济的可能性被人们提及的 21 世纪，我们仍然还必须要同这一"诅咒"进行斗争。这一"想找到依据的欲望"能否得到满足呢？

在此顺便提出的是，在《欲望资本主义 3：超越虚伪的个人主义》的第二章中，参与创设了三种虚拟货币、被称为天才数学家的查尔斯·霍斯金森给我们道出了他的超越国境的市场之梦。

"比特币指点了全世界。钱的价值未必是由政府、国王或一流银行赋予的，是我们自己决定的。世界通过虚拟货币体系的拓展成为一体。"

但是，要想实现霍斯金森的梦想，似乎有必要继续对存在于人们心里的悖论再进行详细的审视、仔细的考察。

岩井、凯恩斯、亚里士多德：围绕货币的悖论——"目的和手段的逆转"

岩井先生指出，在正视货币无依据性的基础上，实际上还有必要对于货币所具有的另外一个重大特性进行深入思考。并且，他用这样的一句话概括了货币在本质上所具有的看似矛盾的性质：对货币的持有本身就是最"纯粹的投机"。其理由在本文中已经做了详细的阐述，在此不再赘述。但是，在 1993 年出版的《货币论》中就已经指明了围绕对于货币的欲望的本质上的悖论。

正是因为货币只是一般性的交换媒介（并且仅在于它是一般性的交换媒介），才赋予了货币与它的实体性完全独立的好像是有用的性质，这一性质的名称叫作流动性。本来仅仅是为了作为媒介得到商品的货币，与那件商品并列，其本身就好像是一件商品，成为人们的欲望的直接对象，其名字叫作流动性偏好。

岩井克人《货币论》

这是《货币论》给出的一个发人深省的观点。所谓"流动性"是指货币所具有的与什么都能交换的性质，但是，已经注意到这一点的凯恩斯，明确指出了存在于人们心里的对于货币的潜在欲望。正是这一能够与所有东西相交换的可能性，才是人们对于货币的欲望的本质。并且，它作为具体的经济活动，在利率低的时候人们宁愿放在自己的手头也不想存入银行，这一理论即使在今天也能够很好地解释大众的心理。为了将来消费而把钱存起来，这一"流动性偏好"如果表现得很明显，人们就不会购买商品，这也就成为步入萧条的开始。

"在凯恩斯之前，经济学家们都将钱视为单纯用于交换的'道具'。但是，凯恩斯注意到了钱所具有的超出交换的功能。也就是说，它本身就是人们欲望的表现。钱本身具有价值，在这一过程中储蓄变成人们的目的。正是因为钱能够和所有的东西交换，人们才存钱。正因为如此，钱就不能有效运转，经济就出现了重大问题。"

说这段话的是在节目中将"流动性偏好"介绍给观众的，也可以称其为捷克的奇才的证券分析师托马斯·赛德拉切克。正是因为具有未来消费的可能性，人们才想储蓄。这一欲望，只要不知道人生何时结束就不会停止。

对于货币的欲望，也是对于未来的无限可能性的欲望。

这样一来，就发生了奇妙的逆转：理应是与物品相交换的手段的货币，想要得到它本身就成了人们的目的。凯恩斯以"流动性偏好"这一名称将其理论化了。但实际上，早在距今 2300 年以前，有位古希腊的哲人就已经发现了这一货币的不可思议之处，那就是亚里士多德。他给后人留下了这样的一句话："货币本来是为了交换的手段。但是人们逐渐地把将其存储下来这件事本身当作了目的。"

早在古希腊社会就已经出现了"流动性偏好"。

亚里士多德在其著作《政治学》中说："从依靠货币获得财物的商术中产生的财富没有止境。为什么这样说呢？这是因为人们总是想要将那一目的尽可能地最大化。因为活下去的欲望没有止境，他们就想要得到能够达到那一目的的无止境的财富。"

这样一来，岩井先生、凯恩斯和亚里士多德正视人们对于货币的欲望之悖论的眼光，从历史上来看就能用一条线串联起来了。通过对于围绕货币的"目的和手段"出现的逆转而产生的不稳定性，以及在市场这一人们各种各样

的想法相互交错的"欲望的剧场"上演的戏剧的探究，就
展开了对于资本主义的本质的考察。

资本主义不存在理想状态

岩井先生明确指出，关于资本主义存在两种对立
观点。

这两种对立的观点之争导致在经济学领域出现了两
个学派，那就是以亚当·斯密为鼻祖的新古典经济学派和
以凯恩斯为代表的非均衡学派。但实际上这样讲对于那些
几十年前在大学的经济学专业学过了"经济学原理"的人
们来说也许难以接受。这即使对于在 20 世纪 80 年代泡
沫的前夕就在经济学部读书的我本人来讲也是一句令人感
慨良多的话。为什么这样讲呢？这是因为在当时的现代经
济学教科书中，理论只有一个。以保罗·萨缪尔森所撰写
的有相当厚度的、分上下两册的《经济学》为代表的被称
为"新古典综合派"的著述中，非常巧妙地将"非均衡学
派"的凯恩斯的思想精髓融会贯通地综合化，形成了体系
完整、首尾一贯的理论。并且，作为社会科学确立起来的
现代经济学被区分为宏观和微观两部分，作为"经济学原
理"在众多大学被当作了必修课。而在那里，并没有两个

学派的明确区分。

当时岩井先生已经将"非均衡动态分析"作为一项理论来提出，正因为如此，他置身其中，其心里的纠结也不难想象。曾经代替学界泰斗萨缪尔森在麻省理工学院（MIT）为学生授课的岩井先生当然非常清楚"新古典综合派"的重要性，但与此同时他又要抱着难以"综合"的想法在东京大学为学生们讲授现代经济学原理。抱着这种复杂的想法的岩井先生，一语道破了上述结论。尽管会带有某种个人的感慨，但是在此基础上考察这两种资本主义观的区别，对于理解现代资本主义的本质具有重要意义。

新古典经济学派认为，资本主义基本上不存在不纯净的东西，即完全依靠市场机制来发挥作用，接近于效率性和稳定性都能实现的理想状态。与此相反，非均衡学派认为，效率性和稳定性处于二律背反的关系。也就是说，在市场里越是展开纯粹的竞争，危机或者是恶性通货膨胀等的可能性也就越大。而为市场带来稳定性的其实是政府和中央银行。不如这样说，正是因为有着与自由竞争保持疏远关系的"不纯净的东西"存在，尽管会历经曲折，市场才会保持稳定性。也就是说，在非均衡学派那里存在，而在新古典经济学派那里并不存在对于某种制度、文化、习惯等处于市场的外部、外侧的社会因素的分析以及对于大众心理的洞察。并且这一非均衡学派的思想之本质，我认为可以用岩井先生说过的一句话来概括，那就是"资本主义并不存在理想状态"。

市场离不开"外部"的干预

首先，我们要持有资本主义并不存在理想状态这一正确的认识，在此基础上展开深入思考。在效率性和稳定性的二律背反的关系中，应该如何确保市场的长期均衡？作为实验性思考，如果说遏止纯粹的竞争性市场扩散和破灭的，实际上是让人感到讽刺的存在于市场外部的不纯净的东西的话，那也就说明事实上在这里存在着一个悖论。这个悖论就是市场离不开外部、离不开非竞争的因素。并且，这就意味着市场总是蕴含着本源性的非均衡。

所谓经济，说到底只是市场经济的力量和经济之外的因素相互交织、彼此关联产生的结果。

岩井克人《威尼斯商人的资本论》

自从 1985 年岩井先生写下这段话以来，可以感觉到岩井先生对于他一直在思考的悖论给出了更加明快的观点，但这也与近 35 年来世界上发生的戏剧性的变化不无关系。

实际上令人感到讽刺的是，时代的潮流曾一度朝着新古典经济学派的资本主义观席卷世界的方向大幅倾斜。同样是属于学院派、自 20 世纪 80 年代以后引领新自由主义的"自由放任主义的领头羊"米尔顿·弗里德曼，甚至就连融汇了凯恩斯主义的非均衡学派精髓的新古典综合派也予以否定，依靠市场原理就能够解决一切的思想、风潮在社会上大行其道。其结果是，人们都遭遇了 2008 年的雷曼冲击，再次面对市场所内含的本源性的非均衡。

人们开始重新评价凯恩斯。但是，好了伤疤忘了疼，人们又被将凯恩斯主义的要素部分地吸收并予以"综合"的观点所左右。历史总是在重复中前进。也就是说，信奉市场原理的人与指责市场原理本身所具有的危险性的人总是在互相争论，但从总体上把握的话，不管怎么说看上去也是非均衡学派处于下风。

实际上越是危机时代产生的思想，越是不会引起人们的重视。这表明人们无法承受蕴含着不稳定性的状况。人们仍然相信"看不见的手"，相信冥冥之中有神的主宰并感到放心，认为在那里存在着潜在的真理。从大多数人都抱着想到什么地方寻求依据的心理这一意义上来说，类似

"洛克的诅咒"的心理结构在那里时隐时现。

实际上，即使在那里也是"日光之下，并无新事"。

欲望反复无止境地漫反射的结果

就像这样，在对人们的深层心理展开深入洞察的时候，凯恩斯的"选美竞赛"理论是绕不开的。岩井先生此次也引用了这个绝妙的比喻，并阐述了它思想上的意义，在新自由主义席卷世界之前就已经对弗里德曼的观点给予了批判。这也许可以说是对于错乱的历史的讽刺。

这一别出心裁的"选美竞赛"说法，超越了时代，看透了大众心理的本质。

"请给你认为最美的人投上一票。"如果仅仅是这样的话就与经常举行的人缘投票选出最受欢迎的人没什么两样，但是从这往下才是凯恩斯的真正用意。

"不过，把票投给得票最多的美女的人将拿到奖金。"这就会出现什么情况呢？这可以说是一种没有止境的博弈，将得到与货币的循环论证相同的结果，就像在第二章已经详细介绍的那样。不要把票投给自己认为长得好看的美女，换句话说就是不要根据自己的偏好进行投票，而是在对别人的偏好做出预判之后再进行投票。在这里就需要进行无止境的预判，猜想大众心理的博弈，即使是推选出了谁都不喜欢的美女，这也是谁都无法阻止的事情。大众的评价将平庸的偶像捧到了最美小姐的位置上。

这种状况难道不就是现代社会的真实写照吗？在网络社会不断膨胀的欲望的漫反射里已经找不到实体。大众都想骑上跑得最快的马的心理，就像滚雪球那样不断膨胀。并且，看一下如今的股票市场，机器之间相互对决、人工智能之间相互对决，正在成为瞬间即可读懂对方心理的主力所在。在那里存在着好像是要把时代看透的凯恩斯的现代性，由技术来引领和煽动，将大众的欲望不断地激发并放大。从第二产业转向第三产业、从以实物为主体的经济转向以无形的服务为主体的经济，甚至就连感情也被说成了商品，只要是有差异就能成为商品，在"后工业资本主义"的时代，由于技术的迅猛发展，各种各样的创意也都可以瞬时在虚拟的互联网上被消费，凯恩斯的"选美竞赛"理论在今天仍然给我们带来寓意深刻之启示。

仅仅是人们都想骑上最快的马这一欲望，就已经错综复杂，实际上从本质的意义上来看，谁都不可能作为胜者出现在市场上。一言以蔽之，市场上没有常胜将军。下面一段话的意思与此完全相同，是提倡新实在论的富有朝气的德国哲学家马库斯·加布利埃尔在《欲望资本主义3：

超越虚伪的个人主义》中对现在的资本主义进行重新定义时说过的。

"资本主义的性质就是没有止境地不断扩张，是建立在'成功'这一概念之上的体系。要想长期端坐在'成功'者的位置上，就不能长期做同样的事情。即使发明了iPhone，如果长期制造同一型号的 iPhone 的话，也是行不通的。必须不断地'成功'才能维持自己在市场上的地位。将目光转向此前没能发现的东西，发现新的存在并为其制定价格，这就是资本主义的特性。如果给资本主义下一个定义的话，就是'伴随着商品生产的所有活动'。并且，今天的资本主义世界说起来就是'商品生产'。那么所谓生产（produce）是指什么呢？这一词语的来源是拿到（duce）前面（pro）来。也就是说，所谓商品的生产，说起来就是为了让人们看到的秀。商品的生产本身就是为了让人们看的秀。"

这便是仅仅是为了不断生产出差异的没有终点的资本的运动。与绝对的价值相比，厂家更加重视相对的价格的竞争，生产差异本身就变成了自己进行生产的目的。在这里也出现了悲剧喜剧般的差异的尽头悖论。

所谓资本主义的发展，只是类似于西西弗斯神话般的

反复过程而已。只要凭借相对的差异就能创造出绝对的需求，也就是利润，这一存在于资本主义根源上的悖论，只能得到部分的、暂时的解决。

实际上，在资本主义社会中从形式上来看相同的反复过程，围绕着人们的社会学意义上的欲望也在那里不断地滋生。

岩井克人《威尼斯商人的资本论》

无法阻止，遏制不住。欲望滋生欲望，充满欲望的资本主义。

在这里已经显露出"欲望资本主义"系列节目的根源问题。

为了捍卫人的"尊严"的货币

在本书的最后一章中，岩井先生说过的一段话，促使许多观众再次想起货币所具有的另外一个重大意义。

货币本来是将人的名字隐藏起来的。这是货币的最重要之处。

所谓将人的名字隐藏起来，是指人将不希望别人评头论足的领域由自己来牢牢地把握。这很重要。

因此，人是自由的。拥有自己的领域是人的自由。所谓能够由自己来决定自己的目的的存在，是指那里有别人不能进入的余地。这是人的尊严的根源。

如何捍卫人的尊严？实际上，这个问题正是"欲望资本主义"最大的时代问题。

产生了货币的资本主义是非常普遍的存在，这几乎已经只是个加法的问题。那么，要想对抗这个普遍性，仍然还是需要采用普遍性的原理，不依靠同情、共鸣、合作、爱情，而是依靠用普遍性讲出的原理。

因希望与对于货币的没有止境之欲望相对抗，所以岩井先生注意到了一位历史上的巨人——哲学家伊曼努尔·康德说过的话。在发生了美国独立、法国大革命等重大事件的 18 世纪下半叶，他提出的理论对大陆理性论和英国经验论之争发挥了调和作用，为哲学的世界翻开了新的一页。

康德在对于当时存在的"合理理性"之滥用现象进行深度关注之后，提出了理性的局限。各种各样的存在已经摆在人们面前，人们的认识并非是按照对于各种事物的经验的顺序而产生的，而是应该反过来，是依靠人们的经验来决定那个事物的应有状态。例如，宇宙也是以它的存在为前提，并非是思考怎样认识宇宙的问题，而是依据人们认识宇宙的方法来决定宇宙的应有状态。这种思考方式的颠倒等同于"地心说"转变为"日心说"，做出了如此思考的康德将其称为"哥白尼回转"。

这样一来，就变成了这个世界的应有状态要依赖于人们认识的应有状态，在做出了这样的转变的时候，也就是说，可以得出这样的结论：持有各种各样的认识的人们在社会上"自由"行动的时候，"规范"就变得非常重要。虽然说是人们都拥有"自由"，但正因为如此，人们必须履行不给别人的"认识"造成干扰的最低限度的义务，那就是要遵守"规范"。并且，反过来，只要人们都遵守了"规范"，那么所有人就会拥有某个领域。那个领域正是人的"尊严"。

所有的人都怀有心中的迷茫和欲望，

有市场价格的东西都与迷茫和欲望相关。

对此，某人想要达到某种目的的时候，

不要看重相对价值的价格而要看重内在价值的尊严。

尊严拥有超越全部价格的崇高地位。

伊曼努尔·康德

尊严绝对不能通过与价格相比来测算。

伊曼努尔·康德

　　这是在节目中也介绍过的一段话。"怀有迷茫和欲望的所有人"带着各种各样的人生目的，为了维持能够生存下去的社会，尊严是用什么东西都无法取代的。康德对尊严所具有的绝对性发出了自己的宣言。

超越"信用经济"这一"幻想"

最近几年，有人提出了"钱这种东西即将消失、人的工作产生价值的时代即将到来"的观点，主张构建一种不需要货币来介入的经济状态。甚至还出现了由信用取代货币、建设"信用经济"社会的论调。的确，基于"合理"的思考探索，也许可以推导出只要依靠信用，经济就可以运转的"逻辑"。但是，那样的话，货币所具有的重要意义——捍卫人的"尊严"这一重要的侧面恐怕就被疏漏了，对此，康德和岩井先生都已经提出了他们的主张。

江山易改，本性难移。在这里，也许有必要对即使是在巨大的时间跨度、悠久的历史长河之中也不会改变的人性重新认真审视。货币理应是为了从社会集体的束缚中逃脱出来得到"自由"才获得的。并且，产生了这样的智慧、作为"理性的存在"的人，如今却出现了具有讽刺意味的事情：拥有"理性的存在"的自己要将作为"自由"的手段的货币舍弃，自己要将作为立足点的"自由"的市场破坏的话……

"资本主义终将自我毁灭。由于其经济上取得的成功而从文化上自我毁坏。"这不禁让人想起熊彼特的名言，如果以他的方式来表达的话，那就变成了这样的话："货币

159

经济终将自我毁灭。由于其经济上取得的成功而从社会上自我毁坏。"既是"尊严",也是"自由",如果通过冥思苦想将我们在"近代"所获得的理念、将基于"近代"意义上的思考得出的"合理性"自己放弃了,的确就变成了具有讽刺意味的事情。

还有一个具有讽刺意味的事情。这种看似对"信用经济"的期盼,看起来好像是出现了对于货币的颠倒的欲望,也许都可以说是现代社会发生的具有讽刺意味的事情。对于货币的欲望,经常导致目的和手段发生逆转。看透了货币本质的亚里士多德还给我们后人留下了这样一句话:

从虚伪的善里,随着时间的流逝,不知在何时,真正的恶必然显现。

亚里士多德

货币的"目的和手段的逆转"必然会给社会的理想状态带来影响,甚至会连带地出现善恶之逆转。人们要活下去,就要面对在由各种各样的感情所构成的社会里出现的难以避免的逆转、反转、悖论等。

我并非盲目地相信"近代"的价值。但是,在对柏拉图那里产生了"近代"这一时代的概念进行仔细玩味，并对它的功过深入思考的时候，就不会得出仅偏向一个方面的结论。在对于"近代"的怀疑以令人想象不到的形式喷涌而出的时代，我想我们必须经常审视货币所蕴含的悖论，对自己的立足点不断地深究。

突破经济学的框架所看到的景象

"存在货币的资本主义经济、市场经济越是发展纯粹化就越不稳定。由于有不纯物，经济才会稳定。货币发行如果过于自由放任，资本主义本身就会遭到破坏。"

这是以前岩井先生曾说过的话。在本书中，他又具体地指出，具有社会集体性质的习惯和规范、社会上存在的团结合作意识、国家和中央银行所进行的规制和干预等这些"外部"因素的弱化，将会招致资本主义的不稳定化。

《货币论》问世之后又过去了1/4个世纪……对资本主义的欲望的象征，即货币之谜进行追溯探究，在越来越混乱、看不清前途的经济状况之下，就越发显得非常迫切。促使资本主义得以存续的货币本身将会搞垮资本主义这一悖论如今正在全球范围内显露。岩井先生得出的这一结论可以说是对这种状况敲响了警钟。"欲望资本主义"

系列，和作为特别编排节目的"货币论"，都是为了对于这一时代状况给出回答而重复发出的提问。

实际上我与岩井老师的初次会面可以追溯到 35 年前。1985 年春，尽管我是另外一所大学的学生，但也经常出入东京大学的校园和课堂，与朋友一起潜入了当时刚从耶鲁大学回国的富有朝气的岩井副教授讲授经济学原理的教室。我不仅听了讲课，还向岩井先生提出了自己的疑问。当时，看到不仅精通数理经济学，还对哲学、文学、历史、思想有所研究，好像是横跨各个学科门类展开思考的岩井老师，我忍不住向他提问了他所表达的真正意思、他的学问、他对于人生的态度。并且，那是我当时作为一名对自己的毕业去向深感困扰的学生，提出的非常迫切的问题。

当时发生的事情让我铭记在心。如果独自带着上述问题意识向前突进的话，说不定我就难以搞清各学科之间的区别。假如把经济学当作搞清这些区别的契机，进一步推及社会、哲学、心理、文学、历史、数学、物理等学科，都是理所当然的事情，那种探究学问的能量与活着的能量有着直接的联系。我提出了上述问题。岩井老师的回答给了我不可思议的能量，兴奋异常的我与朋友一起忘我地只顾在东京大学校园里来回游荡。大约过了 20 多分钟我才回过神来，发现我们两个人已经不知道想要去哪里了。这时，我俩终于忍不住放声大笑起来。这次会面成了我的美好回忆。

我绝对不是因为怀旧才说出了上述一番话。后来我们请到了岩井先生出演上次的节目。在经过了漫长的岁月之后又一次见到的岩井先生，完全没有变化，因为他是一位"不能区分"人和学科门类，或者说是"不能被区分"的人。并且，正是有了这样应该具有的精神，35 年前我从他身上学到的东西中有很多对我自己的人生大有裨益。

说起来与岩井老师初次相会的 1985 年春，日本经济正处于泡沫前夕，对于后来的日本经济面貌产生了重大影响的广场协议是这一年 9 月发生的事情。在这一年的 1 月出版的《威尼斯商人的资本论》中，在当时那种即将失控的狂躁氛围下，岩井先生非常清醒地展开了寻求普遍性的洞察，并且与随后出版的《货币论》贯通起来，其视角、观点都已经在这两部著作中体现出来。那些都是非常生动鲜明、能够让读者感到学到新知识的兴奋并引发共鸣的观点和论述。从中可以看出岩井先生富有求真务实精神的问题意识。正是由于挖掘到了某个问题的核心，才会爆发冲破框架的骨子里的韧劲。

上次的节目播出以后，在整理本书的过程中，我在遇到岩井先生时，他对我讲：

"我固然对资本主义进行了猛烈地批判，但与此同时也深感资本主义所具有的魅力。这就是说资本主义具有两义性。那么，让人感到不可思议的是，亚里士多德是那么讨厌资本主义却为什么要这样写呢？与我相比，他更多的是位城邦思想家，他这样写也许是理所当然的事情。但是，他仍然很讨厌资本主义，讨厌归讨厌，还要分析它。资本主义具有其不可思议性，在马克思那里也有这样的表述。所以，我自己也经常产生这样的怀疑，对资本主义进行了如此猛烈的批判，今后还能够一如既往地研究下去吗？

"那是因为资本主义所具有的两义性经常会绊住我的脚。不过，正因为如此，如果完全被它束缚住的话就会变得不稳定，直至毁灭，资本主义就是那样的不可思议。我的看法与雅克·拉康的论述也许在某些地方有着相同之处。所以，我想下次恐怕很难完成写作任务。"

对于资本主义爱恨交织，产生了某种受挫的念头。但是，正是基于相互撕扯的念头、两义性，岩井先生在《货币论》中对于资本主义最令人恐惧的状况即危机、恶性通货膨胀进行论述的时候，加上了如下的补注：

　　在人类社会所要面对的自己就是自己的困境，与在资本主义社会所要面对的货币就是货币的困境之间，至少从形式上来看存在着严密的对应关系。

　　　　　　　　　　　　　　　　岩井克人《货币论》

　　资本主义是将自由和不安握在手中走钢丝。要想不从钢丝上掉下来，不仅是货币、市场、资本主义，还必须继续正视人类本身所具有的悖论。

　　对于具体的物的欲望只要是得到满足了的话就可以消除。与此相反，对于"可能性"的欲望则无法满足。为什么这样讲呢？这是因为，只要人具有想象力，人们就能够对"可能性"展开没有止境的想象……人就连这个世界上还没有存在的东西，甚至无法想象的东西都能够想象。正因为如此，人们对于作为"可能性"自身的货币的欲望没有止境、没有尽头。

　　由于货币的出现，人才具有了没有止境的欲望。

　　这是本书最为精彩的地方之一。"想象力"这一人类才具有的极为突出的心理，也可以向具有讽刺意味、令人恐惧的方向转化。并且，这就是在现代资本主义条件下人们必须正视的事态。

　　对于充满欲望的货币的探究今后还将继续，只要还有具有根本性的悖论的人存在。

　　在进行上次节目的策划的过程中，我们得到了很多人的大力协助。对于难以描述的复杂经济现象不厌其烦地进行编辑并接受导演这一职务的山本充宏先生、自最初开始一直参与"欲望资本主义"系列并经常头脑冷静地提出自己的观点的大西隼先生，以及高桥才也先生、中村美奈子女士自节目洽谈的阶段开始就一直帮忙，一起到岩井研究室访问。还有一直给予细致周到的帮助的高村安以先生此次也给予了协助。借此机会对来自 NHK 内容开发中心并担任制作统筹的稻毛重行先生也一并表示感谢。

　　在将上次节目做成书籍之时，东洋经济新报社的渡边智显先生、笠间胜久先生给予了大力协助。两位先生并不满足于制作节目过程中录制下来的讲述，在岩井先生为了本书进一步加深论考的过程中也一同陪伴在其身边，这才有了本书的顺利完成。

　　最后再次对岩井克人先生表示诚挚的感谢。在与读者朋友分享本人时隔 35 年再次听到岩井老师答疑的喜悦的同时，期望本书提出的观点能够为更多的朋友所接受。

日本放送协会（NHK）节目开发制作本部

执行制片人　丸山俊一

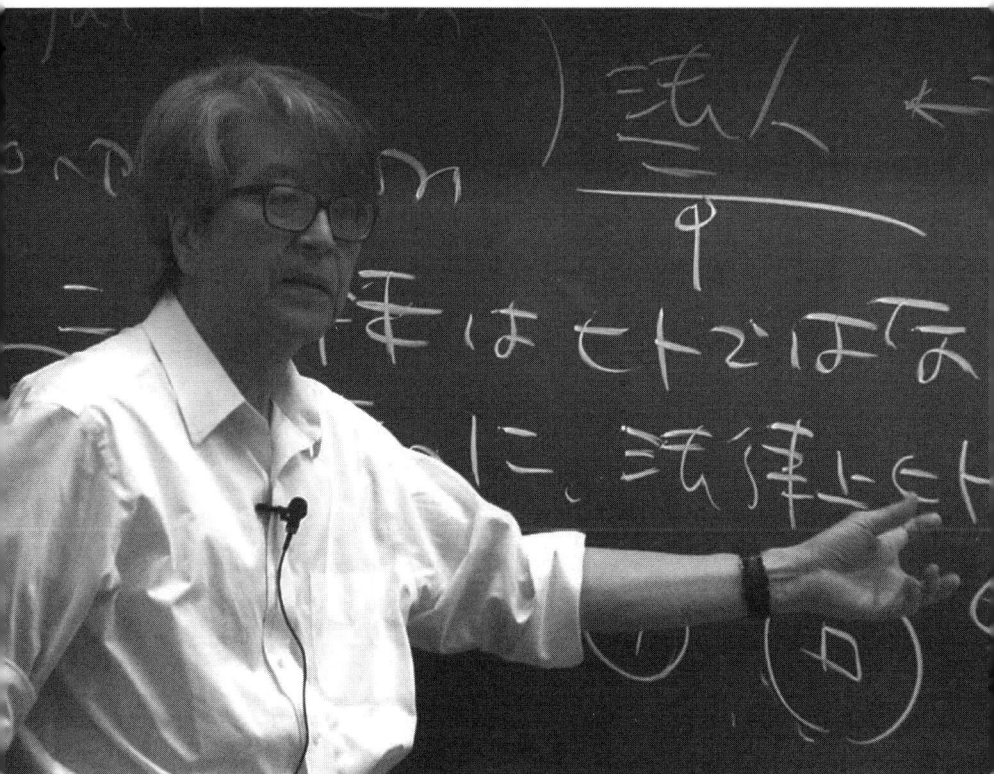
在东京大学授课的岩井克人教授